幸福の憲法学

木村草太
Kimura Sota

インターナショナル新書　155

まえがき

幸福を望まない人はいない。でも、人はしばしば、幸福を遠ざけるような選択をしてしまうことがある。その良い例が、近年の選挙だ。２０２４年11月のアメリカ大統領選でドナルド・トランプ氏は秩序の破壊者としてふるまい、それが大きなアピールになった。日本の選挙でも、既存の政党を忌避し、「これまでの政治家と違う、何か大きなことをしてくれそうな候補」の得票数が増えてきている。

こうした状況を見ていて、長尾龍一・東京大学名誉教授のカール・シュミット評が思い浮かんだ。長尾教授は、シュミットについて、「妥協可能な人間的対立を絶対的な神学的対立へと高め」、破壊的な「終末に賭けて平常心を喪失した」思想家だと評した（長尾龍一『リヴァイアサン：近代国家の思想と歴史』講談社学術文庫、１９９４年、１３８頁）。

破壊的終末への期待は、なぜ生まれるのだろうか。破壊したところで建設的なものが生成される保証などどこにもないのに、もっと言えば、現状よりもさらに悪くなる可能性が高いのに、なぜ、人々は破壊に賭けるのだろうか。

それは、現状があまりにも不幸だからだろう。現状が辛《つら》すぎれば、「手当を数パーセント増やす」とか「既存政党の間で政権交代する」といった微調整ではどうにもならないと感じる。だから、「これまでには見たこともない巨大な破壊が必要だ」と考えるのも、かなり論理的だ。

しかし、結局のところ、破壊からは何も生まれない。あとに残るのは、際限のない混沌だけだろう。不幸を感じる人々に破壊的な終末のビジョンを提供する態度は、一時的な爽快感を与えることはあっても、幸福への道を示しはしない。それは、彼らの幸福を願う態度として誠実ではない。

では、憲法は幸福に対して、どのような姿勢をとっているのか。

法は問題に対し、何かを「与える」ことで解決しようとすることが多い。例えば、金銭的に困窮している人には、お金を与える。介護等で人手が足りなければ、介護サービスを与える。

しかし、不幸を感じる人に、幸福を「与える」ことなどできないし、「幸福になるための方法」が書かれた本の通りに実践してみたところで、幸福が必ず得られるものでもない。幸福は、モノでも金銭でもサービスでもない。主体的に求めていくことによって、手にするものだ。だから、憲法は幸福に関連して、「幸福を受け取る」権利や「幸福になる」権利ではなく、「幸福追求」の権利を保障した（憲法13条後段）。

幸福を追求しようとする個人を支え、寄り添う。これが、憲法の姿勢だと思う。

憲法問題の多くは、「何かがおかしい」「貶《おとし》められているように感じる」といったモヤモヤを発端にして発見される。そうしたモヤモヤに対し、法律家は「判例法理ではこんな風に処理されます」「有名な学説がこう言っているから、それに従って考えるべきだ」と権威主義的に答えがちだ。権威によって障壁が打倒されることもあるのだけれど、この本でしたいのは、そういうことではない。モヤモヤを抱える人の考えや感覚に、憲法がどう寄り添おうとしているのかを、丁寧に考えていきたい。

いくら寄り添ったところで、問題が解決するとは限らない。ただ、憲法とともにモヤモヤを整理していくことで、何が傷つけられたのかが明らかになることもあるだろう。「悪いのは自分ではない」と自信が持てることもあるだろう。そうした経験が、自分の求める幸福に、よりはっきりした形を与えてくれることもあるだろう。それこそが、幸福への第一歩だ。

この本で考えたことが、そういうきっかけになってほしいと願っている。

本書では、以下の内容を扱っている。

第1章 「プライバシー権」の難しさ——個人情報に関する権利を考える
第2章 「個人の尊重」と「公衆衛生」——アルコール依存症の視点から
第3章 他者の思想を勝手に表明してよいのか？——国葬の名義と思想の自由
第4章 同性婚を求める声に誠実に向き合っているのか？——日本家族法の意義と社会的承認としての婚姻
第5章 「同居親＝わがまま」という差別に抗するために——非合意・強制型共同親権

推進論の背景にあるもの

第6章　「氏の意義」を決めるもの——夫婦別姓問題

第7章　声を上げることの意味——今日の人権の位置

第1章では、近年、重要度を増す個人情報に関する権利の意義を検討した。第2章では、憲法に関する本ではあまり議論されてこなかった「公衆衛生」（憲法25条2項）という概念をどう捉えるべきかを考えた。第3章では、国葬で感じたモヤモヤが何だったのかを検討している。第4章～第6章は、個人の幸福と深く関わる家族に関する法律を、憲法の観点から分析した。

第7章では、人権に対するシニカルな態度が蔓延《まんえん》したとしても、それでも、声を上げ続けるべきだし、上げ続けていいはずだ、という確信を提示したい。

目次

第3章

他者の思想を勝手に表明してよいのか？
——国葬の名義と思想の自由

第1章

「プライバシー権」の難しさ

――個人情報に関する権利を考える

はじめに——プライバシー権のやりすぎ?

「プライバシー権は大事ですか?」と聞かれたら、「もちろん大事です」と答える人が多いだろう。私自身、プライバシー権には思い入れが強い。しかし、憲法学者（というより法律家）の間では、「そもそも何ものなのかがわからない」との警戒感が強い。さらに最近は、「プライバシー権はやりすぎだ」などと、敬遠する人までいる。

専門家はなぜ懸念を持っているのか。まず「何ものなのかがわからない」という点から考えてみよう。

「プライバシー権の侵害」と言われて、あなたはどんなことを想像するだろうか。「お風呂に入っているところを覗かれたら嫌だな」「恋人との関係を噂されて鬱陶しい」などと感じた経験はあるかもしれない。

ただ、プライバシー権の侵害は、より広く理解されている。病気の噂が広められること。ストーカーに住所を伝えられること。職場に前科を知られること。古い住所に年金のお知らせが届くこと。大学が学生の成績簿を杜撰《ずさん》に管理すること。ウェブ広告企業が勝手にクッキーを使ってターゲット広告を打つこと。

これらはすべて「プライバシー権の侵害」だと言われる。しかし、あまりに多様な事例が含まれていて、「プライバシー権とは何なのか」がわかりづらくなってしまっていないだろうか。

次に、「プライバシー権のやりすぎ」について。

一般的な教科書では、「プライバシー権」は、自分自身のあらゆる個人情報をコントロールできる権利、と定義される。当人の同意なしに、個人情報を収集・利用・開示・加工することはプライバシー権の侵害になる。

「自分の身体は自分のもの」という感覚の延長で、「自己情報も自分のもの」という感覚は理解しやすく、この定義自体も受け入れやすいかもしれない。

しかし、例えば、こんなケースを考えてみよう。大学生のBさんが友人のAさんから風邪で休んでいた日の授業ノートを借りた。Bさんが勉強していると、友人のCさんが隣にやってきて、「そのノート、きれいにとれているね。僕に貸してくれない?」と言う。このとき、Bさんは「ごめん。これAさんから借りたものだから、勝手に貸せないんだ」と返事した。

このケースで、BさんはAさんの同意なしに、「Aさんという人物がこの大学に属している」「Aさんはきれいなノートがとれる優秀な人物だ」「AさんはBさんにノートを貸した」といったAさんの個人情報を「開示」してしまったことになる。また、CさんはAさんの同意なしに個人情報を「収集」したことになる。「プライバシー権とは自己情報コントロール権だ」という定義を文字通り受け取るなら、BさんもCさんも不法行為をしたことになる。でも、これはさすがにやりすぎだろう。

プライバシー権は、私たちの幸福にとって極めて重要な権利のはずだ。しかし、なぜ何ものなのかもわからず「やりすぎ」の要求を根拠付ける怪物のようになってしまったのか。

これを考えるために、まずはプライバシー権の歴史を振り返ってみよう。そうすることで、どこで失敗したのか、その原因が何なのかが見えてくるはずだ。そして、原因がわかれば、人々の幸福により貢献するようなプライバシー権構築への道筋が見えてくるだろう。

1　プライバシー権の歴史

⑴ 名誉権

個人にまつわる情報の権利のうち、「名誉権」は古くから保護されてきた。名誉権とは、個人の名誉を傷つける情報を広められない権利だ。日本では、1880（明治13）年に制定された旧刑法（明治13年太政官布告第36号）に「悪事醜行ヲ摘発シテ人ヲ誹毀シタル者ハ事実ノ有無ヲ問ハス」処罰する規定（同358条）があった。

現在の刑法でも、「公然と事実を摘示し、人の名誉を毀損した者は、その事実の有無にかかわらず、三年以下の懲役若《も》しくは禁錮又は五十万円以下の罰金に処する」（刑法230条）と定められている（2023年11月7日の閣議決定により、25年6月1日から懲役と禁錮を一本化した「拘禁刑」が導入される予定）。

(2) 私生活情報・秘密保護権

20世紀の後半、新聞・テレビといったマスメディアが発達すると、「名誉権とは違う、個人の情報に関する権利が必要だ」という議論が出てくるようになった。なぜだろうか。

確かに、マスメディアは、メディア倫理に基づき、公共性のある情報を発信する責任を負う。しかし他方で、マスメディアは営利企業でもあり、利益を上げなくてはならない。たとえ公共性がなくても、人々が興味本位で知りたがる情報、例えば有名人の交友関係や恋愛、あるいは家庭内生活といった私生活情報を暴露すれば、新聞や出版物は売れるし、テレビの視聴率も上がる。背に腹は代えられず、マスメディアは有名人や耳目を集める事件の当事者の私生活を暴露するようになった。

私生活情報を暴露されることは、それ自体が苦痛だ。ただ、「実は芸能人Aさんと交際している」というニュースが公開されても、「政治家として賄賂をもらった」とか「実は大学に裏口から入学していた」という情報とは異なり、名誉が傷つけられたとは言えない。つまり、私生活情報をむやみに公開されて多大な苦痛を受けたとしても、「名誉権の侵害」を理由に訴えたのでは勝てない。

そこで、「私生活情報を公開されない権利」が生まれた。裁判例としては、「宴のあと」事件判決（東京地判昭和39年9月28日下級裁判所民事裁判例集15巻9号2317頁）が有名だ。この判決は、「一般人の感覚を基準として公開されることによって心理的な負担、不安を覚えるであろう」事実の公開は、権利の侵害だと認定している。

(3) 生活平穏権

また、情報の中には、他者に知られること自体は苦痛でなくても、公開されると生活の平穏が害されるものがある。その典型は、著名な芸能人の住所の公開だ。住所それ自体は単なる記号だが、住所が公開されれば、ファンが押しかける、郵便物が盗まれる、家の中を覗き見される、といったことで生活の平穏が害される危険がある。その住所が間違っていた場合には、別人の家にファンが押しかけることになるわけで、それはそれで大変迷惑だ。

こうして、「生活の平穏」が害されるような情報を公開されない権利が保護されるようになった。

(4) 個人情報を不正利用されない権利

さらに20世紀末以降、コンピューターによる情報処理技術が格段に進歩し、それまでにはなかったような個人情報の使い方に警戒しなくてはならなくなった。例えば、市役所の生活保護担当窓口でAさんが生活困窮の相談をし、収入、資産、交友関係や生活状況を伝えたとしよう。紙と鉛筆しかない時代なら、聞き取り内容を相談対応以外の目的で使ったり、他の部局と共有したりするのはかなり難しかっただろう。

しかし、コンピューターにデータとして記録できるようになると、検索・参照・共有等が飛躍的に容易になった。もしも個人情報の利用に制限をまったくかけなければ、例えば「生活困窮者は児童を虐待する」という偏見を持った職員が、生活保護相談のデータを検索してAさんをターゲットに選び、虐待防止を口実に監視できてしまうだろう。あるいは、Aさんのデータを生活困窮者向けのビジネスを展開する企業に売却したり、ホームページで公表したりすれば、不愉快なセールスの対象にされたり、貧困家庭に差別感情を持つ人から嫌がらせを受けたりするかもしれない。

こうした状況を受け、世界各国は、個人情報をデータとして管理し利用する場合のルールを定めていった。そして、1980年9月23日、OECD（経済協力開発機構）は「プライバシー保護と個人データの国際流通についてのガイドラインに関するOECD理事会勧告」（以下、OECDガイドライン）を採択した。この勧告で示された八つの原則は、「OECD8原則」（**表1-1**）と呼ばれ、個人情報の利用に関する法分野ではよく引用される。

具体的には、①個人データは適法・公正に、適宜、通知・同意の上で収集されねばならない（収集制限の原則：Collection Limitation Principle）、②個人データは目的達成への関連性、目的達成に必要な正確性・完全性・最新性を保つ内容でなければならない（データ内容の原則：Data Quality Principle）、③個人データの収集・転用は目的を明確にして行わねばならない（目的明確化の原則：Purpose Specification Principle）、④個人データを目的外で開示・利用してはならない（利用制限の原則：Use Limitation Principle）、⑤個人データはセキュリティ措置で保護されねばならない（安全保護の原則：Security Safeguards Principle）、⑥個人データの開発・取り扱いの方針は公開され、個人データの存在・性質・利用目的・管理者とその住所を明確にする方法が利用可能でなければならない（公開の原則：Openness Principle）、⑦個人データの管理に当人が参加できなくてはならない（個人参加の原則：Individual Participation

表 1-1　「プライバシー保護と個人データの国際流通についてのガイドラインに関するＯＥＣＤ理事会勧告」で示された八つの原則（1980 年 9 月）

	内容
①収集制限の原則 (Collection Limitation Principle)	個人データは適法・公正に収集されねばならない。
②データ内容の原則 (Data Quality Principle)	個人データは目的達成への関連性・必要性・正確性・完全性・最新性を保つ内容でなければならない。
③目的明確化の原則 (Purpose Specification Principle)	個人データの収集・転用は目的を明確にして行わねばならない。
④利用制限の原則 (Use Limitation Principle)	個人データを目的外利用してはならない。
⑤安全保護の原則 (Security Safeguards Principle)	個人データはセキュリティ措置で保護されねばならない。
⑥公開の原則 (Openness Principle)	個人データの存在・性質・利用目的と管理者は公開されねばならない。
⑦個人参加の原則 (Individual Participation Principle)	個人データの管理に当人が参加できなくてはならない。
⑧責任の原則 (Accountability Principle)	データ管理者は①～⑦原則の実施に責任を負わねばならない。

Principle)、⑧データ管理者は①～⑦原則の実施に責任を負わねばならない（責任の原則：Accountability Principle）、という八つの原則を指す。

このガイドラインの中心的な目的は、個人データを違法・不当な目的で利用してはならないことを当然の前提とし、その利用を適法・適正な目的と関連する範囲に限定する点にある（②）。その中核は、第二原則（データ内容の原則）にあり、他はそれを確保する手段だと整理できよう（高木浩光「個人情報保護から個人データ保護へ（7）法目的に基づく制度見直しの検討」『情報法制研究13号』２０２３年参照）。

目的と「関連性」があるとは、どういうことか。例えば、大学入試で支持政党を考慮することは、目的との「関連性」がない。新たなスタッフを雇用する際に、候補者のインターネット閲覧・検索履歴を考慮するのもそうだろう。不正確なデータや、古いデータに基づいて社会保障給付や課税がなされては、公正な給付・課税が実現できなくなってしまう。

どの個人データが関連性があるかは、問題となる取り扱いによって異なる。例えば、住所という個人情報は、市の広報や手続き書類を届けるために利用するなら、関連性が認められる。他方、大学入試において、「神奈川県に住所を持つ者は一律10点減点」などという扱いをすれば、明らかに不当だろう。このため、OECDガイドラインは、あらゆる個人情報を保護の対象とする。

個人情報の違法・不当な目的での利用、あるいは適法・適正な目的であっても関連性・正確性のない個人情報の利用は、不正利用だ。こうした個人情報の不正利用されない権利も、重要な権利と言えるだろう。

(5)適切なデータ管理システム構築請求権

さらに、OECDは、2013年7月11日にガイドラインを更新・改正した。8原則の根幹は変わっていない。しかし、技術の発展・変化によって、従来よりも多くの個人情報を容易に蓄積できるようになったり、より高度なセキュリティやデータ管理のガバナンス・監視のシステムが求められたりするようになった。

そこで、新ガイドラインは、①OECDガイドラインの実行、②業務の性質に応じた調整、③適切なセキュリティ、④内部統治・監視のメカニズム、⑤問い合わせ・事故への対応計画、⑥継続・定期の監視を責任もって実行し、セキュリティ違反があった場合には当局・当人に適切に通知することを、データ管理者に対して求めている（パラグラフ15）。

新ガイドラインに顕著なように、適切なデータ管理システムの構築は、個人情報保護分野での重要な要素とみなされるようになってきている。こうした流れを受け、今日では、個人情報を不正利用されない権利を保障するだけでは足りず、個人データの管理者に対し、不正利用が起きる危険のないデータ管理体制の構築を求める権利が保障されなければならないと考えられるようになった。

以上の権利をまとめたのが、次ページの**表1－2**である。

2　プライバシー権から人間関係構築の自由へ

(1) 自己情報コントロール権の概念

さて、①〜⑤の権利のうち、「①名誉権」はかなり長い歴史があることから、法律家の多くが、②〜⑤とは別の権利だと理解してきた。これに対し、②〜⑤の権利はこの30年ほどの間に発展したこと、また、個人の情報の扱いについての権利であること、という共通

表 1-2　個人の情報に関する権利の発展

	権利の内容
①名誉権	社会的評価を下げる情報を開示・公表されないこと。
②私生活情報・秘密保護権	知られたくない情報を開示・公開されないこと。
③生活平穏権	生活の平穏を害する情報を開示・公開されないこと。
④個人情報を不正利用されない権利	不適法な収集や、目的外利用、関連性・必要性なき個人情報の利用などの禁止。
⑤適切なデータ管理システム構築請求権	十分なセキュリティ確保など不正利用の危険のないシステムの構築。

点があり、同じ一つの権利だと考える人が多かった。

しかし、私が思うに、②〜⑤の権利が同じ権利だと考えようとしたところが失敗だった。これらは、それぞれ性質が違うので、一つの権利にまとめようとすると、相当な無理が生じることは想像に難くない。それは、②イチゴと③キャベツと④洗剤と⑤収納ボックスを一つのカテゴリーに分類しようとした結果、「スーパーに売っているもの」とか「とにかくモノだよモノ」といった漠然とした定義しかできなくなるのと同じことだ。

法律家は、「自己情報コントロール権」という定義を生み出した。この定義はある意味よくできている。②〜⑤の権利は、確かにすべて、自己の個人情報の収集・利用・開示・公開・加工に関するコントロール権として包摂できる。

(2) 自己情報コントロール権の副作用

しかし、自己情報コントロール権という定義の副作用は大きかった。

第一に、この定義では、名誉権(①)とプライバシー権(②〜⑤)との区別がつかなくなる。名誉権とプライバシー権は異なる権利というのが一般的な理解だが、自己情報コントロール権の定義では、名誉権(①)もまた、自己の社会的評価に関わる情報であるという意味で、自己情報の一種に含まれてしまう。

この点は、「名誉権もプライバシー権に含めてしまえばよい」という対応もあり得るかもしれない。しかし、冒頭でも述べたように、プライバシー権が何のための、どのような権利なのかがわからなくなってしまう、という第二の問題は深刻だ。社会的評価を守るためのものなのか、生活の平穏を守るためのものなのか、個人データが流用されて差別に使われないことなのか。非常に漠然として、この権利が何ものなのかがわからなくなってしまう。

そこで、持ち出されるのが、「個人情報そのものが守られなくてはならない」という開き直りだ。「個人情報が同意なしに伝わったり、使われたりする状態は、個人の所有物を同意なしに盗むのと同様に、すべて悪いことなのだ」と考えれば、一応、個人情報コントロール権が保護すべき法益を説明したことになる。しかし、これはトートロジーにすぎず、何も説明していないのではないか？

そして、このトートロジカルな保護法益論は、第三の問題を招く。それは、権利の射程範囲が広すぎて、不合理な結論を導いてしまうことだ。冒頭で紹介したノートの貸し借りの事例を思い出してほしい。「個人に関する会話をするには、すべて同意をとらないといけない」という社会に、あなたは耐えられるだろうか。かといって、「この状況なら、普通の人は同意するからいいじゃないか」ということにすれば、プライバシーに関する「同意」が実質を伴わない「黙示」「推定」「形の上」のものとなってしまう。これでは、プライバシー権を保護した意味が雲散霧消するだろう。

これは、二つの系統の権利が混同された結果と言える。何かをコントロールする権利の保護対象は、性質上、コントロールする必要性が高く、またコントロール可能性が高いものに限定される。情報で言えば、秘匿性が高く、公開されていない（公開されるとコントロール可能性は著しく弱くなる）情報だ。それらは、プライバシー固有情報、あるいはセンシティブ情報と呼ばれる。

他方、どんな個人情報でも、あるいは公開された情報であっても、不正に利用される可能性はある。例えば、性別は髪型や服装などで自ら開示することの多い情報だし、男女別スポーツの選手はそれを公式に公開していたりする。しかし、性別情報を性差別に使うことは不正だろう。だから、不正利用されない権利の保護対象は、あらゆる個人情報に広げなくてはならない。

このように、個人の情報に関する多様な権利を一つの権利にまとめようとすれば、無理が生じる。では、どうすればよいのか。自己情報コントロール権という定義をやめて、②〜⑤を別々の根拠に基づく、別々の権利と整理した方が、よほど素直でわかりやすいのではないだろうか。単純な表にまとめられたことからもわかるように、それはさほど難しいことではない。

(3) プライバシー権のどこが好きだったのか？

さて、こうして整理した上で、「はじめに」のはじめで述べたことに戻りたい。プライバシー権をめぐる議論は混沌としているにもかかわらず、多くの人はプライバシー権をとても大事なものと感じている。私自身、この権利には思い入れがある。それはなぜなのかを考えてみれば、この権利の本質をより深く理解できるのではないだろうか。

②〜⑤の権利が別々の権利だとすると、どの権利に魅力を感じたのかを考えてみるのがよさそうだ。といっても、人々が何を感じたかはわかりようもないので、自分のことを振り返ってみよう。

私がプライバシー権に強く惹かれたのは、「②私生活情報・秘密保護権」と「③生活平穏権」は「人間関係構築の自由」のためにある、ということを学んだときだった。

人間関係構築の自由を保護するには、自分の情報を誰にどこまで開示するかを自分で決められなくてはならない。なぜなら、人間関係は、それぞれの情報を交換し合うことで深まっていくからだ。初めて関係を取り結ぶときには、名前や仕事、出身地といった、当たり障りのない情報を交換する。仲が深まっていけば、電話番号やLINEのアカウントなどを交換して、さらにお互いのことをよく知るようになる。特別に親密になれば、自分の家族のことや病歴など、センシティブな話題にも触れるようになる。

こうした人間関係を深めるプロセスを考えれば、「②私生活情報・秘密保護権」を保護すべき理由は、よく理解できるだろう。また、望まない人物から望まない人間関係を強引に迫られるのを防ぐためには、住所等の情報も保護する必要があり、「③生活平穏権」が導かれる。ただ、ここで保護しているのは、情報そのものではなく、まさに「人間関係構築の自由」なので、「③生活平穏権」は「人間関係選択権」などの名称にした方がわかりやすいかもしれない。

ちなみに、「人間関係構築の自由を保障する」という目的から、「④個人情報を不正利用されない権利」についても一定の説明はできる。例えば、市役所が、介護関係で取得した個人情報を、市立大学の入試や建築関係の処分といった、まったく関係のない目的で流用した場合に、「市役所とそのような関係を結ぶ目的で介護関係の情報を提供したわけではないから、人間関係構築の自由の侵害だ」と説明できるだろう。

ただ、④の権利が保護する範囲は広い。「不正利用」には多くの種類があるためだ。例えば、クレジットカードの情報を厳密に管理してもらう権利は、人間関係構築というよりも「財産権の保護」と理解した方が端的だし、差別の対象になりそうな属性情報を秘匿してもらう権利は「差別されない権利」として理解した方が、当事者の辛さをより理解できるだろう。そうすると「④個人情報を不正利用されない権利」を保障する根拠は、一つに絞らない方がいい。あえて言えば、不正に扱われない、ということになるだろう。

(4)プライバシー権の今後

さて、私が感銘を受けたプライバシー権とは、②や③の背景にある「人間関係構築の自由」だったことがわかった。それを踏まえて、プライバシー権の今後についてまとめてみたい。

まず、ここまで見てきたように、「プライバシー権」の名称の下に包摂される権利は膨大で、概念も混沌としている。プライバシー権の研究を追ってみても、私生活情報の公開の限界を論じるものから、ネット閲覧履歴やライフログの扱い方、ＡＩによるビッグデータ処理に関心を寄せるものまで多様だ。

私としては、これまでプライバシー権と呼ばれてきた②〜⑤の権利をそれぞれ区別して、個々にどんな対応をするのが適切かを議論するのが有益だと思う。それらを「個人情報コントロール権」とまとめたところで、議論が深まるわけでもない。ただ、長年親しまれてきた「プライバシー権」という言葉を廃棄するのは難しく、「個人の情報に関する多様な権利の総称」程度の意味で使うようにしていくしかないのではないかと思う。

(5) 人間関係構築の自由へ

また、他方で、②や③の権利の発展を促してきた「人間関係構築の自由」のコンセプトには、強い魅力がある。この「自由」に着目することで、個人情報に関する権利以外にも、人々が幸福に生きるのに必要な様々な権利を根拠付ける可能性がある。この点について、もう少し説明しておこう。

人間関係構築の自由とは、交流したい人とは交流し、交流したくない人とは離れる自由だ。このうち「交流したい人との交流」は、自由が保障されさえすれば、個人で勝手に実現できる。これに対し、無理に交流を求めてくる人から離れるためには、個人に「逃げる自由」を保障するだけでは足りず、積極的な対応が必要だ。

抽象的に過ぎるので、具体例を示そう。DV（恋人や配偶者間暴力）・虐待・ストーカー・いじめ・セクハラ・パワハラ等は、いずれも、外部の目が届きにくい空間で起きる。こうした空間では、物理的力、経済力、指導権限などを背景に、支配・被支配の関係が生じやすい。被害者が「この関係から離れたい」と思っていたとしても、物理的・心理的にできなくなってしまう。支配が進めば、「離れたい」という気持ちすら持てなくなってしまうこともある。

人間関係構築の自由は、人間関係を邪魔されない自由を保障するだけでなく、加害者から逃れる権利や、それを国家に支援してもらえる権利を保障しないとうまく確保できない。そうだとするなら、「人間関係構築の自由」から、「関わりたくない人に個人情報を開示されない権利（②・③）」だけでなく「加害者との人間関係の強制から逃れる権利」も導かれる、という議論ができるのではないだろうか。

このような視点から、いじめ防止対策推進法やDV防止法を考えると、これらの法をどのような方向に発展させていけばよいかもよくわかる。現在、これらの法律は、ごく大雑把に言えば、暴力などの明白な加害があった場合に、加害者からの切り離しを支援する内容となっている。しかし、「人間関係構築の自由」の考え方からするなら、たとえ暴力等がなくても、「この人と離れたいのに離れられない」という場合には、関係を離脱できるような支援に発展していくべきと思われる。

現在の法律のように、加害の立証がない限り離脱を許さないとしたのでは、辛い思いをしているにもかかわらず、救われない人が大量に出てきてしまう。確かに、加害者を罰する要素があるのであれば、十分な立証が不可欠だ。しかし、人間関係構築の自由が奪われている人に、それを回復するのが目的なのであれば、本人が「離れたい」と考えているという事実をもって、それを実現することが許されるはずだ。

人間関係の強制は重大な権利侵害だ。法は、人に何らかの行為を要求することはできても、人間関係そのものを強制することなどできるはずがない。人間関係の離脱により何らかの不都合が生じたとしても、それは金銭的に解消するのが、法律の大原則だろう。

おわりに――幸福な人間関係

憲法13条後段は「生命、自由及び幸福追求に対する国民の権利については、公共の福祉に反しない限り、立法その他の国政の上で、最大の尊重を必要とする」と定める。この「幸福追求に対する国民の権利」という文言が、プライバシー権が憲法で保障される根拠とされてきた。

冒頭に挙げた例を見れば思い浮かぶように、過剰な自己情報コントロール権は、かえって、私たちを不幸にする。

私自身がプライバシー権のどこが好きだったかを考えてみると、「人間関係構築の自由」というコンセプトに魅力を感じたことがわかった。そして、その自由の理念からは、個人情報に関する権利の発展とは別に、「望まない人間関係からの離脱を支援してもらえる権利」を発展させるべき、という方向性が見えてくる。

人間関係を強制されては、自分らしく生きることなど不可能だ。人々の幸福を実現しようと思うなら、社会は、人間関係構築の自由の重要性と向かい合い、制度を再構築する必要がある。

第2章 「個人の尊重」と「公衆衛生」
——アルコール依存症の視点から

はじめに――「個人の尊重」と自律的な個人

本章では「個人として尊重」（憲法13条）と、「公衆衛生」（憲法25条2項）という二つの言葉の連関を考えてみたい。まず、前者の意義を確認しよう。

近代的な憲法は、すべての個人を自律的な存在として尊重することを求める。日本国憲法の13条前段も「すべて国民は、個人として尊重される」と定める。この個人の尊重の理念は、憲法の定める様々な理念の中でも中核に位置するものと解説されている。

日本の憲法学説史としては、個人の尊重の理念をとことん突き詰めた憲法学者は、樋口陽一・東京大学名誉教授とされる。その弟子、蟻《あり》川《かわ》恒《つね》正《まさ》・日本大学法科大学院教授は、「『近代立憲主義』を『個人の尊厳』にまでつきつめ、憲法学の中核に据えたのは、樋口陽一である」と述べている（蟻川恒正『憲法的思惟：アメリカ憲法における「自然」と「知識」』岩波書店、2016年、11頁註23）。

その樋口教授は、近代国家の構造を次のように描く。

表2

日本国憲法13条
すべて国民は、個人として尊重される。生命、自由及び幸福追求に対する国民の権利については、公共の福祉に反しない限り、立法その他の国政の上で、最大の尊重を必要とする。

日本国憲法25条
すべて国民は、健康で文化的な最低限度の生活を営む権利を有する。
2　国は、すべての生活部面について、社会福祉、社会保障及び公衆衛生の向上及び増進に努めなければならない。

……自由な諸個人から成る社会の前提をつくりあげることこそが、革命の中心課題とされたからである。自由な諸個人によってとり結ばれる社会を基本的に想定する近代立憲主義は、その障害を排除するために、国家からの結社の自由ではなく、結社からの国家による自由――国家干渉からの形式的自由でなく、国家による実質的自由――を、市民革命期の課題として追求したのであった。

一方で個人＝自由、他方で国家＝権力という二極構造図式がこうして成立するが、それはとりもなおさず、近代憲法学の二つの大きな主題である「人権」と「主権」の間の、密接な相互連関と緊張関係が成立するということでもある。すなわち、第一に、身分制原理を否定する国民主権によってはじめて、個人が解放され、人一般の権利としての人権を語るための論理的前提がもたらされた、という相互連関である。第二に、それまで諸個人の解放を妨げていたと同時に保護の楯の役割をもしていた身分制が否定されることによって、いわば裸の個人が集権的な国家と向きあわなければならなくなったことから生ずる、主権と人権の間の緊張である。（樋口陽一『憲法　第四版』勁草書房、2021年、30～31頁）

前近代的な国家秩序では、個人は、貴族の荘園や教会など封建的な団体に帰属し、その中で、騎士や聖職者、農民などの身分を割り当てられた。近代国家は、身分制を排除し、個人を個人として解放した。今日、生まれながらの身分で、人生の行く末が決まってしまうことは想像し難いだろう。それは、近代国家の理念が、個人を解放したからに他ならない。

では、身分から解放された個人は、どのような存在として尊重され、どのような権利が保障されるのか。長谷部恭男《やすお》・早稲田大学教授は、次のように説明する。

……自らの人生の価値が、社会公共の利益と完全に融合し、同一化している例外的な人を除いて、多くの人にとって、人生の意味は、各自がそれぞれの人生を自ら構想し、選択し、それを自ら生きることによってはじめて与えられるはずである。その場合、公共の福祉には還元されえない部分を、憲法による権利保障に見る必要がある。

……その人が自律的に生きようとするのであれば、多数者の意思に抗してでも保障してほしいと思うであろうような、そうした権利（中略）がもしあるとすれば、個人の人格の根源的な平等性こそが、このような権利の核心であろう。他人の権利や利益を侵害しているからという「結果」に着目した理由ではなく、自分の選択した生き方や考え方が根本的に誤っているからという理由にもとづいて否定され、干渉されるとき、そうした権利が侵害されているといいうる。（長谷部恭男『憲法の理性　増補新装版』東京大学出版会、2016年、77～79頁）

ここに描かれたように、個人は自律的に固有の価値を形成する存在として尊重されねばならない。それぞれが自律的に選び取った価値は、平等に尊重される。個人の尊重が前提になるからこそ、私たちは、日々、好きに考え、自分のアクセスしたいメディアや芸術作品に触れ、話したいことを話し、交流したい人と交流できる。

ただし、ここで一つ考えておくべきことがある。自律的な価値の選択は、個人が自由に行うもので、それを尊重するには、国家は個人の自律的な自己決定に介入すべきではない。しかし、その原則を踏まえても、国家が、個人の自律的な生に関与する責任を負わなければならない場面があり得る。その典型は、子どもである。

子どもは、自律的な価値形成能力を身につける途上にある。子どもには、その時点での意思や意欲を単純に叶《かな》えるのではなく、成熟した価値形成能力を獲得する支援をしなくてはならない。

例えば、10歳の子どもが「タバコを吸いたい」と言い出した場合、必要なのはその希望を叶えることではなく、タバコがどのようなもので、なぜ成人しないと嗜《たしな》んではいけないのかを説明することだろう。その他にも、子どもが自律するために必要な事柄は多く、だからこそ、教育を受ける権利や制度がある。

そして、成人した後でも、当人の裁量に完全に委ねるだけでは、必ずしも個人の自律を尊重できない場面がある。その重大な例が、アルコール依存症である。

1　アルコール依存症

アルコール依存症は、「長期間多量に飲酒した結果、アルコールに対し精神依存や身体依存をきたす精神疾患」と定義される。厚生労働省は、生活習慣病予防のための健康情報サイト「e－ヘルスネット」を開設し、情報提供を行っている。そこでは、アルコール依存症について、「症状には、精神依存と身体依存とがあり」、「精神依存としては、飲酒したいという強烈な欲求（渇望）がわきおこる、飲酒のコントロールがきかず節酒ができない、飲酒やそれからの回復に1日の大部分の時間を消費し飲酒以外の娯楽を無視する、精神的身体的問題が悪化しているにもかかわらず断酒しない、などが挙げられ」、また、「身体依存としては、アルコールが体から切れてくると手指のふるえや発汗などの離脱症状（禁断症状）が出現する、以前と比べて酔うために必要な酒量が増える、などが挙げられ」

ると解説されている。

趣味としてアルコールを楽しんでいる状態と、依存症の線引きが微妙な場合もある。とはいえ、「自分の意思で飲酒をやめられない状態」になっていれば、それは依存症だ。

アルコール依存症というと、酔っ払って家族に暴力をふるったり、お店のものを壊したりする光景が思い浮かぶかもしれない。そうした状態を酒乱という。もちろん、依存症患者の中には、酒乱状態になる人も多くいる。しかし、依存と酒乱は、区別しておく必要がある。普段はお酒を飲まず、また飲まなくても平気な人が、何かの機会に飲酒して酒乱状態になることもある。逆に、依存症でも暴力に走らず、ただ静かに毎日大量に飲酒する人もいる。

アルコール依存症は、歴《れっき》とした病気である。ところが、本人はそう認識しないことが多い。

本人にとっては、お酒を飲む行為が、自分の選択であるように感じられる。実際には不可能なのに「いつでもやめられる」と嘯《うそぶ》いたり、かなりの量なのに「ほんの少ししか飲んでいない」と正当化したりする。「付き合いで飲まざるを得ない」とか、「周りに迷惑をかけていないから問題ない」と言ったりする。飲酒を止められるのが嫌で、健康診断や受診を避けたり、家族や友人を巻き込むために強く飲酒を勧めたりする。病気と認めれば、飲まない努力をしなければならない。それゆえ、「否認」をする。アルコール依存症は「否認の病」と言われるゆえんである。

依存症になると、その人の価値観は、アルコールに支配される。家族や友人を大切に思う気持ちや、社会的な信頼を維持したいという意識よりも、飲みたいように飲めることが優先されてしまうのだ。これは、よほど孤立していない限り、生活に問題を生じさせる。幼い子どもがいれば十分な世話ができなくなるし、職場や地域社会では信頼を失う。アルコールは無料ではないから、経済的にも苦しくなる。当然のことながら、大量の飲酒は、身体の健康も害する。

2　憲法25条と公衆衛生の増進

もちろん、それでもいいから、飲みたいだけ飲むというのも、一つの価値判断ではあろう。しかし、それを放任しておくことが、「個人の尊重」なのだろうか。憲法自身は、「そうではない」と言っているように見える。

ここで確認したいのが、憲法25条である。

【日本国憲法25条】

すべて国民は、健康で文化的な最低限度の生活を営む権利を有する。

2　国は、すべての生活部面について、社会福祉、社会保障及び公衆衛生の向上及び増進に努めなければならない。

この条項は、1項で、生存権を保障する。2項は、それを踏まえ、「社会福祉、社会保障及び公衆衛生」の充実を求める。「社会福祉」や「社会保障」は、広い意味では生活のための社会的支援一般を意味し、相互に重なり合う。一般的な憲法学説では、この二つを特に区別していない。「公衆衛生」も、広い意味では社会福祉・社会保障の一種だが、憲法25条2項が、この概念をあえて浮き上がらせて規定したことには重要な意義がある。

まず、「公衆衛生」（憲法25条2項）という文言の成り立ちを少し説明しておこう。日本国憲法は、おおむね次のような形で制定された。

１９４５年８月、日本はポツダム宣言を受諾した。宣言には「日本国政府ハ日本国国民ノ間ニ於ケル民主主義的傾向ノ復活強化ニ対スル一切ノ障礙《しょうげ》ヲ除去スヘシ言論、宗教及思想ノ自由並ニ基本的人権ノ尊重ハ確立セラルヘシ」との条項（10項）があった。明治憲法のままでは、民主主義と人権の確立は不十分であり、憲法改正が課題となる。

当初は、日本政府内で憲法改正案が作られた。しかし、日本案は、ＧＨＱ（連合国軍最高司令官総司令部）の目から見て、ポツダム宣言の要求を十分に実現したものとは評価されず、結局、１９４６年２月にＧＨＱ内部（民政局）で草案を作ることになった。それを基に日本政府が改正案を作り、明治憲法改正手続きに則り帝国議会で審議をしたのちに、１９４６年11月３日に新憲法が公布、翌１９４７年５月３日から施行された。

今も昔も、公衆衛生の充実は重要な国家の責務だ。しかし、20世紀半ばの段階では、憲法ではっきりと「公衆衛生」の「増進」に言及する例は珍しい。

例えば、１９１９年制定のドイツ共和国のワイマール憲法は、憲法史上、初めて社会権規定を憲法に盛り込んだ。この憲法には、人たるに値する生存の権利（同151条）や社会保険の整備（同161条）の規定が置かれたが、「公衆衛生（Gesundheitswesen）」については、州ではなく国の管轄事項だと示す規定（同7条8号）が置かれただけだった。

他方、GHQ案は、ワイマール憲法よりもさらに積極的な公衆衛生規定を置いた。GHQ案の権利規定の特徴は、まず、「一切ノ日本人ハ其ノ人類タルコトニ依リ個人トシテ尊敬セラルヘシ（All Japanese by virtue of their humanity shall be respected as individuals）」（GHQ案12条）と定め、権利保障の中核に個人の尊重原理を置いた点にある。その上で、憲法上の権利を規定した第3章に「公共衛生ヲ改善スヘシ（The public health shall be promoted）」（GHQ案24条4項）との規定を置いた。

これらの規定は、日本政府の憲法改正要綱に受け継がれ、日本国憲法の正文に取り入れられた。憲法13条は「すべて国民は、個人として尊重される」と規定し、公衆衛生推進は、生存権を保障する憲法25条2項で「国は、すべての生活部面について、社会福祉、社会保障及び公衆衛生の向上及び増進に努めなければならない」という形で定められることになった。

先ほど述べたように、憲法13条の個人の尊重規定の意義は、すべての個人を自律的に価値を形成する主体として尊重するところにある。これに対し、公衆衛生は、国が政策として推進するもので、時に、個人の自由を制限するものでもある。例えば、コロナ禍においては、感染症予防という公衆衛生措置のために飲食店の営業や大規模な集会が規制されることも珍しくなかった。両者が同じ憲法上の権利規定に併存していることをどう理解すべきだろうか。

3　公衆衛生の概念

そこで、公衆衛生の概念を考えてみよう。公衆衛生学を専門とする多田羅浩三《たたらこうぞう》・大阪大学名誉教授は、公衆衛生は、四つの地平を切り開くことによって発展してきたと指摘する。

第一に、「病因としての社会」の発見である。身体は個人の領域であり、それを襲う病もまた個人の問題と捉えられがちである。近代的な公衆衛生の概念は、こうした発想を転換し、社会には個人の健康を守る責任があると考えたときに成立する。

18世紀、オーストリア・ハプスブルク朝のヨーゼフ2世の時代に、高名な医師であるヨハン・ペーター・フランク（Johann Peter Frank,1745-1821）は、多くの人が集まり社会をつくれば、個々人の過誤ではなく、その社会状況に由来する疾病が生じると考えた。人々は、都市化の進む近代社会において、貧困と無知を背景に病に巻き込まれる。つまり、社会は、細菌や個人の不摂生と同様に、病の原因である。だとすれば、医師は個人の病だけでなく、不健康をもたらす社会の改善に取り組む必要があり、国家は医師の公的な政策への関与を推進しなければならない。

フランクは、このように主張し、医療を個人に対するものから、公的な政策へと広げていった。この功績により、フランクは「近代公衆衛生学の父」と呼ばれる。

第二は、「全数的・画一的な健康政策の実行」である。この地平が切り開かれたのは、19世紀半ばのイギリスであった。エドウィン・チャドウィック（Edwin Chadwick, 1800-1890）は、この時代に活躍したジェレミ・ベンサム（Jeremy Bentham,1748-1832）の弟子の文筆家であり、１８３４年の改正救貧法の成立に関与した。彼は、１８４２年に公衆衛生政策のための「衛生報告（Report on the Sanitary Condition of the Labouring Population）」をまとめる。ここで、病は王国のあらゆる場所の住民にはびこっており、住民の健康を全数的・画一的に守る必要があると指摘した。画一的とは、どの地域でも同じ名称・方法で施策を進めることで、取り残される地域がないようにするということだ。

こうした思想に基づき、イギリスでは１８４８年に公衆衛生法が制定され、中央に保健総局、地方に地方保健局を設置し、すべての地方保健局に保健医官を置く方式が定式化された。こうした画一化された公衆衛生の体系は、世界全体に影響を与えることになる。

第三の地平は、「救貧施策からの公衆衛生の独立」である。イギリスの医師、ヘンリー・ラムゼイ（Henry Wyldbore Rumsey,1809-1876）は、『国家医学論（*Essays on State Medicine*）』（１８５６年）において、救貧施策から公衆衛生部門を独立させるべきだと主張した。

チャドウィックの関与した１８３４年改正救貧法は、救貧施策は行うものの、人々に労働を促すため、処遇は労働者に劣位させ、受給者をできる限り抑制しようという発想ででてきていた。しかし、公衆の健康増進施策は、そのような抑制的な方向で行うと手遅れになる。このため、公衆衛生は救貧施策から独立した別の施策と位置付けなければならない。この主張は実務に大きな影響を与えた。

第四の地平は、「個人の自助努力の重視」である。1848年の公衆衛生法によりイギリス政府に保健総局が設置され、チャドウィックがその責任者を務めた。1854年に彼が退任し、その後任を引き継いだのがジョン・シモン（John Simon, 1816-1904）だった。シモンは、『イギリスの衛生制度（*English Sanitary Institutions*）』（1890年）を著し、当局の施策だけでなく、個人の自助努力を合わせた計画が、公衆の健康に重要であると強調した。

このように、近代的な公衆衛生は、①「病因としての社会」の発見、②公衆衛生施策の全数化・画一化、③救貧施策からの独立、④個人の自助努力と公的施策を調和させた計画という地平を切り開くことによって発展してきた。これが多田羅教授の指摘である（多田羅浩三・瀧澤利行『新訂　健康科学――人々の健康を支える基盤――』放送大学教育振興会、2005年、第13章「公衆衛生の役割と展望」参照）。

この公衆衛生の発展の歴史は、憲法の個人の尊重規定（憲法13条）と公衆衛生増進規定（憲法25条2項）を考える上で示唆的である。

そもそも、個人が自律的に生きるには、健康でなければならない。個人が健康を自らの力だけでコントロールできるなら、公衆衛生施策は不要だ。しかし、都市に感染症が蔓延したとき、一人の力だけでそれを避けることは難しい。清潔な水道にアクセスできなかったり、疾病に関する適切な知識を教育されていないとき、私たちは病に対してあまりにも無力になる。フランクが指摘したように、社会は病因の一つである。

とすれば、個人を尊重するには、その前提として、公衆衛生施策が充実していなければならない。

以上の議論に加え重要なのは、公衆衛生概念の広がりである。

公衆衛生については、イェール大学のチャールズ＝エドワード・A・ウィンスロー教授(C.-E.A. Winslow, 1877-1957)の定義がしばしば引用される。ウィンスロー教授は、1920年の論文の定義で、「公衆衛生(Public Health)とは、環境衛生・感染症制御・個人の清潔における個人への教育・早期診断や疾病予防のための医療・看護サービスの組織・すべての共同体内の個人に健康を維持するに十分な生活水準を保障する社会機構の発展のために、組織された共同体の努力を通じ、疾病を防ぎ、寿命を延ばし、身体の健康と能率を改善する科学であり、技術である」と定義した(C.-E.A. Winslow, "The Untilled Fields of Public Health" *Science*, New Series, Vol.51, No.1306,1920,p30)。

これは、多くの事項を包括する長文の定義だが、ウィンスロー教授は、この論文で、時代を経て、公衆衛生の概念が大きく広がってきており、また、いまだ開拓されざる公衆衛生分野があるはずだと指摘し、それゆえに、未来を見据えて広い定義をすべきとしている。さらに教授によれば、この定義自体、暫定的なもので、少なくとも公衆衛生の概念はこの定義以上のものでなければならない。

「公衆衛生」と聞くと、まず思い浮かぶのはペストやコレラ等の古くからある病原体への対策や、中世から近代に至り改善された都市の清潔な環境などであろう。それらはもちろん公衆衛生施策の重要課題だが、個人の健康を害する原因は様々であり、これからも多くのものが発見されるだろう。

とすれば、公衆衛生の概念や対象を限定的に捉える必要はまったくない。ウィンスロー教授の議論は、そのことを示している。

4　日本におけるアルコール依存症

これを踏まえて、日本におけるアルコール依存症について考えてみよう。

魅惑的な酒類は街中にあふれており、飲酒を楽しむ人は多い。酒はあまりに身近である。しかし、アルコール依存症は、まぎれもない病の一つだ。２０１３年の調査では、日本には、生涯に一度でもアルコール依存症と診断されるレベルの人が１０７万人（男性94万人、女性13万人）、現在の依存症者が57万人（男性50万人、女性7万人）と推計されている。さらに、問題を生じやすい多量飲酒する人（週1日以上、1回に平均純アルコール量約60g以上飲酒する者）は、９７４万人に上るとされる（以上につき、樋口進他「ＷＨＯ世界戦略を踏まえたアルコールの有害使用対策に関する総合的研究」平成26年度総括研究報告書、２０１４年、28〜30頁）。いずれも相当な数である。

また、アルコール依存症の被害は、本人だけにとどまらず、家族や友人、職場等にも深刻な影響が及び得る。数十万人の依存症者が存在するなら、それにより家庭が不幸になったり、友人関係が破壊されたりするなどの状況にある人はその数倍になる。

確かに、アルコール依存症は、即死するような病気ではなく、新型コロナウイルスのように医療システムに甚大な負荷をかけるわけでもない。しかし、容易に回復できる病ではなく、その悪影響は長期にわたる。それが原因で、DVや子どもへの虐待が行われれば、取り返しのつかない被害になることもある。とすれば、アルコール依存症対策は、公衆衛生の重要な課題の一つであり、それを増進していくことは憲法25条2項の求める義務でもある。

このことは、憲法13条の理念とも密接に関連する。憲法25条2項は、国家に個人が自律的に生きるための前提を整えることを求めているのだった。アルコールに依存し、また自らが病であることを否認して、周囲も自分も不幸になるような選択は病の症状であり、「自律的な個人の選択」とは言い難い。とすれば、アルコール依存症から解放される環境もまた、個人の自律の前提である。

にもかかわらず、日本のアルコール対策は遅れていた。元来、日本は飲酒に寛容な土壌がある。社会的に許容される「泥酔」のレベルは、かなり深いものだった。テレビのドラマやコントでも、前後不覚になるような飲酒が当たり前のように描写されたり、笑い話として扱われたりしてきた。アルコール対策のための体系的な法律も存在しなかった。

5　アルコール健康障害対策基本法

そうした中、2010年にWHO（世界保健機関）がアルコール消費量低減戦略を呼びかける。これに呼応する形で、アルコール関連の学会や自助組織などの市民団体が力を合わせ、2012年、アル法ネットというネットワークを立ち上げた。

さらに、他の医療・福祉系の学会の後押しもあり、2013年12月、衆議院本会議において全会一致で「アルコール健康障害対策基本法」（以下、アルコール基本法）が可決されるに至った（堀井茂男・猪野亜朗「アルコール健康障害対策基本法――制定から6年、新たな動きの数々」『別冊・医学のあゆみ アルコール医学・医療の最前線2021 UPDATE』2021年参照）。同法は、2014年6月に施行されている。

アルコール基本法1条は、「不適切な飲酒はアルコール健康障害の原因となり、アルコール健康障害は、本人の健康の問題であるのみならず、その家族への深刻な影響や重大な社会問題を生じさせる危険性が高いことに鑑み、アルコール健康障害対策に関し、基本理念を定め、及び国、地方公共団体等の責務を明らかにするとともに、アルコール健康障害対策の基本となる事項を定めること等により、アルコール健康障害対策を総合的かつ計画的に推進して、アルコール健康障害の発生、進行及び再発の防止を図り、あわせてアルコール健康障害を有する者等に対する支援の充実を図り、もって国民の健康を保護するとともに、安心して暮らすことのできる社会の実現に寄与することを目的とする」と定める。

これを受け、同法は、国（4条）・地方公共団体（5条）・事業者（6条）・国民（7条）・医師等（8条）にそれぞれ、アルコール問題に対処するための責務を規定する。11月10日から16日までの期間は「アルコール関連問題啓発週間」と定義され（10条）、特に強い啓発活動が促される。

また、政府と都道府県には、「アルコール健康障害対策推進基本計画」の策定が求められており（12条、14条）、5年ごとに評価・検討・変更が行われる。２０１６年に第１期の計画が策定され、5年後の２０２１年に第2期の計画が策定された。

同計画は、まず前提を整理する。政府の調査によれば、日本の酒類消費量、飲酒頻度は下がりつつある。しかし、2010年ころから2019年にかけて、「飲酒習慣のある者（週3日以上、1日1合以上の飲酒をする者）」の割合は、男性でやや低下傾向が見られるものの、女性は増加傾向にある。その他のデータを見ると、アルコールを少量嗜む人は減少傾向にあるが、多量に飲酒する人の割合は改善していない。

そこで、①アルコール依存症への正しい知識の普及、②相談支援体制づくり、③医療における質の向上・連携促進、④アルコール依存症者の社会復帰の支援を基本的な方針とする。その上で、計画は「飲酒に伴うリスクに関する知識の普及と不適切な飲酒を防止する社会づくりを通じて、将来にわたるアルコール健康障害の発生を予防する」ことと、「アルコール健康障害の当事者やその家族がより円滑に適切な支援に結びつくように、アルコール健康障害に関する相談から治療、回復支援に至る切れ目のない支援体制を構築する」ことを、第2期の重点課題とした。

「知識の普及」と「家族」を「より円滑に適切な支援に結びつくように」することを重点課題としたことは重要と思われる。アルコール依存症の患者は少なくとも数十万人いて、生涯経験者数は100万を超えると見積もられている。

しかし、そのうち医療機関にかかっている人は約4万人にとどまり、専門家は「アルコール依存症が疑われる飲酒パターンに陥っている人々を相談や医療につなげる取り組みは、わが国においてむしろより積極的に行っていくべき課題である」と指摘している（湯本洋介・樋口進「アルコール関連問題におけるわが国の状況と世界の動向」『別冊・医学のあゆみ アルコール医学・医療の最前線2021 UPDATE』2021年、16頁）。

医療機関にかかる割合がこれほど低いということは、まだまだ患者本人・家族・社会のいずれもが、アルコール依存症が「治療が必要な病」であるとの認識を欠いていることを示している。

先述の通り、アルコール依存症は否認の病なので、患者本人が自ら病だと認識するのが難しい。そうすると、家族や社会の理解を深め、家族や友人にアルコール依存症と思われる人がいたら、スムーズに医療機関につなぐことがより重要だろう。

おわりに――個人の自律の前提としての「公衆衛生」

アルコール依存症対策は、個人の自律（憲法13条）と公衆衛生の増進（憲法25条2項）の関係を考える上で示唆的である。個人が自律的な自己決定をするには、生命や健康が守られる環境が必要である。

新型コロナウイルスのような毒性の強い感染症の封じ込め、がんなどの病への対策、様々なワクチンの公的接種の仕組みなどについては、公衆衛生が個人の自律の前提となるという事実はとてもわかりやすい。他方、アルコール依存症は、アルコールがあまりに身近な存在で、飲酒は多くの人の楽しみでもあるため、その対策が公衆衛生政策の一分野として重要であることが見えにくかった。また、当の患者本人が病であることを否認するため、個人の自律的自己決定のためにも、患者を医療機関につなぐという発想が成立しにくかった。

しかし、近年、アルコール依存症の恐ろしさや、それが病であることを多くの人に知らせることの大切さを踏まえ、対策のための法律が整備され、政府や自治体、医療機関などの取り組みも充実しつつある。それは、憲法25条2項の「公衆衛生」規定の趣旨を正しく実現するものと言えるだろう。

日本国憲法の制定は1947年だが、アルコール健康障害対策基本法の施行は2014年であった。憲法の理念は、制定してすぐに実現するわけではなく、数十年かけて実現していく分野もあるということがよくわかる。

第3章

他者の思想を勝手に表明してよいのか？

——国葬の名義と思想の自由

はじめに

安倍晋三氏の国葬から2年以上が過ぎた。

2022年7月に、故・安倍元首相の国葬実施の予定が発表されると、「思想・良心の自由の侵害ではないか」という声が上がった。他方で、少なくない法律家が、「国民の権利や自由とは無関係だ」「自由の制約と無関係だから法律の根拠も必要ない」と反論した。

確かに、国は国民に「喪服を着なさい」と命令したわけでもなければ、黙禱《もくとう》に参加しない人に罰金を科したわけでもない。会場付近まで献花に訪れた人、家でテレビ中継を見ながら喪に服す人がいる一方で、会場付近で国葬反対の声を上げた人、テレビ中継を見ながら安倍氏への批判の言葉を向けた人がいた。

あるいは、特に関心を示さずに、いつも通りの一日を過ごした人も多かっただろう。それぞれが好きな行動をとったはずだ。こうしたわけで、最高裁判所（以下、最高裁）も、国葬の中止を命じることはなかった。

とはいえ、何かが引っかかる。服喪命令や黙禱無視への罰金がなければ、「国葬による思想・良心の自由の侵害」がなかったと、本当に言えるのだろうか？　参加するもしないも個人の自由だというのなら、他の総理大臣経験者と同様に葬儀をすればいいわけで、なぜわざわざ「国」が儀式をする必要があったのか？　考えてみる価値がありそうだ。

1　ハード国葬とシークレット国葬

一口に「海鮮丼」といっても具材や値段に違いがあるように、同じ名前がついていても中身が同じとは限らない。それは「国葬」にも言える。国葬の種類を分けるのは、国民との関わり方だ。

まず、国民の自由を大幅に制限する国葬があり得る。テレビ局やラジオ局に中継義務を課し、国民には喪服着用と黙禱を命じる。店舗の営業を禁じ、各種学校を休校にする。命令に違反した者には、罰金や懲役刑を科す。これほどまでに国民の自由をハードに制限する国葬は、大日本帝国下で天皇が崩御したときですら行われたことはないが、可能性としてはあり得る。こういう国葬を「ハード国葬」と呼ぼう。

国民の自由はとても大事だが、自由の制限は一切許されない、というわけではない。犯罪者に刑罰が科され、自分の土地に建物を建てるにも高さ制限があることなどからもわかるように、しっかりとした理由があれば自由の制限は正当とされる。

では、国民の自由を大幅に制限してまでハード国葬をすべき理由があるかといえば、何とも判然としない。この形の国葬は、仮に国会の議決をとり、法律の根拠を整えたとしても、多くの国民と法律家は違憲と評価するだろう。

次に、「国葬」という名は付いているものの、故人と関係の深い大臣や官僚たちが集って、役所の会議室でひっそりと黙禱するだけの会合だったらどうだろうか。国民に何も求めず、儀式を実施したことすら発表しない「シークレット国葬」だ。シークレット国葬は、国民とは関係なく実施されるため、それで思想・良心の自由が害されたと感じる人は少ないだろう。

安倍元首相の国葬はハード国葬ではなかったから、法律の専門家たちは、違憲だとか、法律の根拠が必要だとは言わなかった。しかし、シークレット国葬のような、国民とは無関係な儀式とも言えない。実際にどのような内容だったのか、確認しておこう。

2　2022年の国葬の概要

2022年7月8日、安倍晋三元首相・衆議院議員が参議院議員選挙の応援演説中に狙撃され、死亡した。報道によれば、容疑者は、旧統一教会に家庭を壊された恨みを抱いており、安倍氏が著名な政治家として旧統一教会と関係を持っていたと考えたことが動機だ、と話している。

岸田文雄首相（当時）は同年7月14日の記者会見で、安倍氏の「国葬」を実施する方針を表明し、7月22日、国葬実施の閣議決定がなされた。決定内容は次の通りだ。

【令和4（2022）年7月22日閣議決定「故安倍晋三の葬儀の執行について」】

1　葬儀は、国において行い、故安倍晋三国葬儀と称する。

2　葬儀に関する事務をつかさどらせるため、葬儀委員長、同副委員長及び同委員を置く。葬儀委員長は内閣総理大臣とし、同副委員長及び同委員は内閣総理大臣が委嘱する。

3　葬儀は、令和4年9月27日（火）、日本武道館において行う。

4　葬儀のため必要な経費は、国費で支弁する。

岸田首相が葬儀委員長に、松野博一《ひろかず》官房長官（当時）が副委員長に、閣僚らが葬儀委員に就いた。この閣議決定は形式を定めたのみなので、国葬がどんな儀式なのかはわからない。

この点について説明したのは、岸田首相の2022年8月10日の記者会見だ。岸田首相は、今回の国葬について、「故人に対する敬意と弔意を国全体として表す儀式」だと説明した。

故人への敬意・弔意を表すことは、葬儀一般に共通する事柄だ。一般的な葬儀とは異なる国葬性を支えているのは、「国全体」の名義で敬意・弔意を発信する点ということにならざるを得ない。もっとも、岸田首相は、国民に対して黙禱を強制することはもちろん、呼びかけをすることすらしなかった。このように、「国全体として」と称しつつ、ハードな強制を行わない国葬を「ソフト国葬」と呼ぼう。

ソフト国葬は、国民の思想の自由という観点から、何も問題がないと言えるのか。

3 州標語のナンバープレート裁判

考える補助線になるのが、アメリカでの「言論強制」に関する一連の裁判だ。アメリカ合衆国憲法には思想・良心の自由を保障する条文はなく、思想の自由の問題は表現の自由を保障した憲法第1修正で扱われる。

言論強制へのリーディングケースとなったのは、West Virginia State Board of Education v. Barnette, 319 U.S. 624 (1943) だ。アメリカ連邦最高裁は、憲法第1修正は言論を強制されない自由を保障しているとした上で、公立学校の国旗への敬礼強制は意に反する言論強制で違憲、と判断した。

その後も、連邦最高裁は言論の強制に関する判断をいくつか示した。それらの訴訟で主要な争点となったのが、強制された言論の「名義」だ。

まず、Wooley v. Maynard, 430 U.S. 705 (1977) では、自動車のナンバープレートに表示された標語 (motto) が問題となった。ニューハンプシャー州が発行する自動車ナンバープレートには、「自由に生きよ、さもなくば死を (LIVE FREE OR DIE)」という州の標語が付いている。エホバの証人の信仰を持つメイナード氏は、この標語が自らの信念に反しているため、上からテープを貼り付けて読めないようにした。当時の同州の法律は、この標語を隠蔽することを禁止し、罰金刑を科していた。メイナード氏は、罰金刑は言論の強制だと主張して、連邦地方裁判所 (以下、連邦地裁) に救済を求めた。

連邦地裁は、ナンバープレートの標語は象徴的な言論を強制するもので、表現の自由を保障する憲法第1修正に違反するとして、罰金刑を差し止めた。上訴を受けた連邦最高裁も、この判断を支持した。

この事案で難しいのは、メイナード氏の何が制限されたと捉えるかだ。バーガー連邦最高裁長官執筆の法廷意見は、メイナード氏が、自らの思想と異なる言論を強制されたと理解した。そして、第1修正が保障する思想の自由には「自由に言論する権利と、言論を差し控える権利の双方が含まれる」とし、第1修正は「多数派とは異なる見解を持ち、ニューハンプシャー州の命令で道徳的に反対する考え方を促進することを拒否する個人の権利」を保障しており、言論強制を正当化する事情はないとして、罰金刑を違憲とした。

これに対し、レーンキスト裁判官は反対意見を付した。この意見によれば、「第1修正の原則と関連付けるためには、州が州民を明らかに、あるいは実際に、そのメッセージを『真実として主張する』立場に置かねばならない」。そのメッセージを州の意見ではなく、自分の意見として主張することを強制された場合にのみ、言論強制と言えるということだ。

例えば、州民から徴収した税金で、州政府が州政府名義のメッセージ発信用の看板を立てる事例を考えてみよう。この場合、税金を通じてメッセージ発信に協力させているとはいえ、州民をメッセージの主張者の立場に置いているとは言えない。

ナンバープレートも同様で、州民に対して自身の言論として標語を掲げるよう要求しているわけではない。標語に反対なら、標語を隠すのではなく、自動車の表面のどこかに「この標語には反対だ」ともっと大きく表示したってよい。レーンキスト裁判官の反対意見はこのように述べ、州法と罰金刑を合憲としている。

バーガー法廷意見とレーンキスト反対意見の対立点は、ナンバープレートの標語を、メイナード氏自身の言論と見るか、州政府の言論と見るかだ。メイナード氏名義の言論なら、同氏の表現しない自由の侵害になる。他方、州政府名義の言論なら、メイナード氏の言論の自由は侵害されておらず、せいぜい、自動車の一部分を、州政府の言論のために徴収される財産的価値の侵害があるにすぎない。この対立は、国が何かのメッセージを発信する際に、決定的に重要なのは「言論の名義」であることを示している。

続いて、Glickman v. Wileman Brothers & Elliott, Inc., 521 U.S. 457（1997）では、農家や畜産事業者に、販売促進広告のための費用の拠出を義務付けた法律の合憲性が争われた。連邦最高裁は、一般的な広告をするために、桃類（ネクタリン・プラム・桃）の生産者に広告費用の拠出を義務付けたカリフォルニア州法を合憲とした。他方、United States v. United Foods, Inc., 533 U.S. 405（2001）は、キノコの販売事業者に広告費用の拠出を義務付けた連邦法は第1修正に違反するとした。

この判断の分かれ目はどこにあったのか。カリフォルニア州の桃類農家は反トラスト法（米国独占禁止法）の適用を免除され、同じ販売ルールに基づき行動する一つの団体とみなせた。このため、団体の一員なのだから、団体名義の言論に協力すべき立場にいると判断された。これに対し、キノコの販売事業者はそれぞれ独立しており、宣伝費用の徴収は他者名義の言論への協力強制だと判断された。

さらに、Johanns v. Livestock Marketing Association, 544 U.S. 550（2005）では、牛肉の販売者に1頭当たり1ドルの拠出金を課し、連邦政府が牛肉販売キャンペーンに充てることの合憲性が問題となった。この判決では、キャンペーンが連邦政府名義の言論であることから、政府が政治活動のための資金を市民から徴収しても、表現の自由の侵害にはならないと判断された。

こうした一連の判決において、決定的に重要なのはその言論の「名義」だ。これはソフト国葬を考える上でも重要な視点だろう。

4 「国全体として」の意味

ソフト国葬について重要なのは敬意・弔意の主体である「国全体」が何を意味するかだ。これは核心的な論点のはずなのに、あまり深い議論がない。例外的に、この点を明確に議論したのが、曽我部真裕《そがべまさひろ》・京都大学教授の説明だ。

曽我部教授は、国葬儀事務局の事後検証の場で、国葬で追悼の意を示すのは「統治機構としての国」だとした（国葬儀事務局の「故安倍晋三国葬儀に関する意見聴取結果と論点の整理」内の「意見聴取結果と論点〈全文〉」73頁、2022年11月21日）。「統治機構」とは憲法解釈論の専門用語の一つだが、平たく言えば、国会・内閣・裁判所から成る組織のことだ。この理解によれば、「国葬」は「国会・内閣・裁判所合同葬」と言い換えられることになる。

曽我部教授の説明の通りなら、今回の国葬は国の組織内で行われる儀式にすぎず、国民はまったく関係ないことになる。しかし、岸田葬儀委員長は、最後まで「追悼の意を表するのは国会・内閣・裁判所という組織だ」という説明はしなかったし、「国民は関係ないので、気にしないでください」というメッセージも発信しなかった。「国全体として」という言葉は統治機構内部で完結する儀式を想定するものだった、と言われても、納得できる人は少ないのではないか。

国とは、国民全員でつくる団体だ。「国全体として」という言葉を素直に受け取るならば、国民全員ということにならざるを得ないだろう。つまり、国葬は「国民全員の敬意・

弔意を示す儀式」として企画された。

では、国民全員の敬意・弔意を示すにはどうしたらいいのか。本来なら、葬儀委員長らが「敬意・弔意を示します」と述べるのに続いて、国民全員の名前を読み上げるような形式とするのが筋だろう。もっとも、1億人を超える国民全員の名前は読み上げられないので、その代わりに「国民全員の敬意・弔意を示します」とか「国全体としての敬意・弔意を示します」という形に替えることもあり得る。

国民全員に、敬意・弔意を示す意思があるのなら、それで特に問題はない。しかし、それは現実的ではない。実際には、そんな意思のない国民についてまで、「国民全員」にまとめられて、敬意・弔意が示されてしまう。つまり、ソフト国葬とは、個々の国民の同意なしに、国が「国民全員」名義の敬意・弔意を示す儀式だ。

5　誰のどんな自由を問題とするのか

では、ソフト国葬の問題をどう捉えるべきか。二つの理解がある。第一は、「国民全員」

名義のメッセージは強い影響力を持つことから、そのメッセージに触れる人について「思想に介入されない自由」を侵害するとするもの。第二は、「同意なしに自分の名義を使われない自由」の侵害だとするもの。

2022年の国葬について主として議論されたのは前者で、この観点から、国葬の差止訴訟も起こされた。確かに、「国民全員がそう思っています」と言われれば、強い圧力を感じる人もいるだろう。しかし、東京地裁は次のように述べ、自由の制約はそもそも存在しないとした（東京地裁令和4年8月2日裁判所ウェブサイト）。

【東京地裁の国葬による思想・良心の自由の侵害】

……本件葬儀が国葬儀の方式で執り行われるとしても、これにより、個々の国民に対して、安倍元首相に弔意を表すことや喪に服することを強制することになるとは認められず、とむらいの儀式に国民を強制的に参加させることになるとはいえない。また、本件葬儀を国葬儀の方式で執り行うことが、債権者らに特定の思想等を強制したり、債権者らの思想等に対して直接圧迫、干渉を加えたりするものであるとはいえない。

最高裁は令和4年9月22日付の決定で、この判断を支持した。儀式を挙行し敬意・弔意を表明するだけでは、内心の思想形成を強制するものとは認め難い、という判断に異を唱える法律家はほとんどいない。内心への強制の典型例として想定されるのは、思想を理由にした拷問や直接的な脳手術であって、儀式を挙行するだけならそれらに匹敵する内心への介入とは認め難いということだろう。

しかし、第二の問題は手付かずのままだ。私たちは、自分の名義を勝手に使われることに何も言えないのだろうか。

6 名義を勝手に使われない権利

実は、自分名義の言論を強制されない権利を扱った判例が、日本にもある。妻の意思に反し、殉職自衛官が県護国神社に合祀《ごうし》されたことが問題となった、自衛官合祀事件判決

〈最高裁判所大法廷判決〈以下、最大判〉昭和63年6月1日最高裁判所民事判例集〈以下、民集〉42巻5号277頁〉だ。

この事件の原告Xは、殉職した自衛官Aの妻で、キリスト教徒だった。A自身は特段の信仰を持っていなかった。Aが公務中の事故で亡くなり、自衛隊のOB組織である隊友会の山口県支部連合会は、県護国神社に山口県出身の殉職自衛官の合祀を申請した。神社はこれを受け入れ、Aを含む殉職自衛官27名が合祀されることになった。原告Xは、自らの望みと異なる方法で夫が弔われることになり、「静謐《せいひつ》な宗教的環境の下で信仰生活を送るべき法的利益、すなわち宗教上の人格権を侵害された」として、隊友会とそれに協力した国に対し損害賠償を請求した。

最高裁の法廷意見は、「信教の自由の保障は、何人も自己の信仰と相容れない信仰をもつ者の信仰に基づく行為に対して、それが強制や不利益の付与を伴うことにより自己の信教の自由を妨害するものでない限り寛容であることを要請している」として、「死去した配偶者の追慕、慰霊等に関する場合においても」「静謐な宗教的環境の下で信仰生活を送るべき利益なるものは、これを直ちに法的利益として認めることができない」とした。

この「寛容」論に対しては、あまりに無神経ではないか、という批判がある。ただ、これは今論じている問題とは別なので措《お》いておこう。

ここで注目してほしいのは、伊藤正己裁判官の反対意見だ。伊藤裁判官は、法廷意見が法律以前に事実を見誤っているという。法廷意見によれば、隊友会と護国神社は、Xとは無関係にAを追悼していることになっている。しかし、伊藤裁判官によれば、事案は次のようなものだ。

【自衛官合祀事件の伊藤裁判官の捉え方】

……被上告人（X）がキリスト教信仰によつて亡夫（A）を宗教的に取り扱おうとしているのに、合祀の結果その意に反して神社神道の祭神として祀られ、鎮座祭への参拝を希望され、事実に反してXの篤志により神楽料が奉納されたとして通知を受け、永代にわたつて命日祭を斎行されるというのは、まさに宗教上の心の静穏を乱されるものであり、法的利益の侵害があつたものといわねばならず、県護国神社への合祀は、Xに対し、せいぜい不快の感情を与えるにとどまるもので法的な利益の侵害があつたとは認められないとするのは適切でない。

Xは、自らは望んでいないのに「Xの篤志により神楽料が奉納されたとして通知」を受けた。つまり、合祀を望んでもいないのに、望んでいるかのような形が作られたことが問題なのだ。伊藤裁判官は、この理解を前提に、損害賠償を認めるべきだとする。

確かに、自ら希望したわけでもないのに、自らの「篤志」を表示されることは、権利侵害と捉えるべきだろう。ソフト国葬の問題も、自らは敬意・弔意を示したいと思っていないのに、自分を含む「国民全員」の名義で敬意・弔意が発信されるのが問題なのだ。

7　名義を使うのは何が問題なのか

自分では望んでもいないことを、自分で望んだかのように言われたら、気持ちが悪いのは当然だ。ただ、その気持ち悪さを法的な議論にするには、つまり「権利侵害」として議論するには、もう少し説明が必要だ。ここで、「なぜ、勝手に名義を使うのが権利侵害なのか」を掘り下げてみたい。参考にするのは、謝罪広告事件（最大判昭和31年7月4日民集10巻7号785頁）だ。

この事件は、次のようなものだ。衆議院議員選挙に際し、候補者Yが別の候補者Xを中傷した。裁判所は、Yの中傷が事実無根のものと認め、名誉毀損の不法行為と認定した。しかし、Yはまったく反省・謝罪の意思を示さなかった。

民法723条は、「他人の名誉を毀損した者に対しては、裁判所は、被害者の請求により、損害賠償に代えて、又は損害賠償とともに、名誉を回復するのに適当な処分を命ずることができる」と定めている。Xは、「名誉を回復するのに適当な処分」として、Y名義の謝罪広告を出すよう強制してほしいと請求した。

当人が自ら謝罪広告を出そうとしない場合、裁判では、「代替執行」という方法で謝罪広告を強制する。代替執行とは、被害者が加害者名義の広告を出し、その費用を加害者に強制的に支払わせる方法だ。名誉毀損があったとはいえ、Y名義の謝罪広告を勝手に出してよいのだろうか。

最高裁大法廷は代替執行による謝罪広告の強制を認めたものの、大法廷の裁判官たちは大論争の末に、結論を導く理由が分かれてしまったようだ。法廷意見には理由らしい理由は一切書かれないまま、それぞれの裁判官が思い思いの意見を付ける異例の判例になっている。この判決の各意見の意味は、蟻川恒正「署名と主体」（樋口陽一他編著『国家と自由：憲法学の可能性』日本評論社、2004年）が興味深く整理している。これを前提に検討してみよう。

この判決で問題となったのが、「謝罪広告の強制は、思想・良心の自由（憲法19条）を侵害するか」だった。

まず、田中耕太郎裁判官の補足意見は、次のように言う。思想・良心の自由の侵害とは「各人が良心に従つて自由に、ある信仰、思想等をもつことに支障を招来する」ことを指し、特定の思想に対する処罰や不利益取扱等によって、思想を強制することがそれに該当するという。謝罪広告は、当人の内心とは関係なしに行われるのだから、思想・良心の自由の侵害はない。

これに対し、藤田八郎裁判官の反対意見は「本件において、上告人（Y）は、そのさきにした本件行為をもつて、被上告人（X）の名誉を傷つける非行であるとは信ぜず、Xに対し陳謝する意思のごときは、毛頭もつていないことは本件弁論の全経過からみて、また、極めて明瞭である」とする。その上で、「憲法19条にいう『良心の自由』とは単に事物に関する是非弁別の内心的自由のみならず、かかる是非弁別の判断に関する事項を外部に表現するの自由並びに表現せざるの自由をも包含する」として、「本心に反して、事の是非善悪の判断を外部に表現せしめ、心にもない陳謝の念の発露を判決をもつて命ずるがごときことは、まさに憲法19条の保障する良心の外的自由を侵犯するものであること疑を容れない」と述べる。内心の強制だけでなく、本心に反する言動を強制されるのも、憲法19条違反だという理解だ。

田中裁判官と藤田裁判官は、いずれも「上告人（Y）への影響」に注目して議論する。他方、入江俊郎裁判官は、社会への影響からこの問題にアプローチして、次のように論じる。

【謝罪広告事件の入江裁判官の意見】

上告人（Y）の真意如何に拘わりなく、恰も上告人自身がその真意として本件自己の行為が非行であることを承認し、これについて相手方の許しを乞うているものであると一般に信ぜられるに至ることは極めて明白であつて、いいかえれば、このような謝罪広告の掲載は、そこに掲載されたところがそのままYの真意であるとせられてしまう効果（表示効果）を発生せしめるものといわねばならない。自己の行為を非行なりと承認し、これにつき相手方の許しを乞うということは、まさに良心による倫理的判断でなくて何であろうか。

この意見は、Y自身が自由に考えたり、表現したりできないことを問題にしているのではなく、「社会がYは謝罪の気持ちを持っていると認識すること」を問題としている。

以上から、自分の意思に反した自分名義の言論をされることについて三つのアプローチがあることがわかる。第一は、勝手に名義を使われても、当人の思想には何ら強制や影響はないのだから、無視しておけばいいというアプローチ（田中補足意見）。第二は、言いたくないことを無理やり言わされるのが自由の侵害だというアプローチ（藤田反対意見）。第三は、自分の内心と異なる社会的イメージがつくられることが問題だというアプローチ（入江意見）。

8　ソフト国葬への三つのアプローチ

この三つのアプローチをソフト国葬に当てはめてみよう。ソフト国葬で、個々の国民の名義を同意なしに使うことに問題はないのか。

第一のアプローチからすれば、「国民全員」名義の敬意・弔意が示されても、個々の国民は自由に国葬を批判し、内心で敬意・弔意を持たない選択ができるのだからどうでもいい。

第二のアプローチからすれば、「国民全員」名義の敬意・弔意の発信は、言いたくないことを無理やり言わされているのと同じだ。だから、言いたくないことを言わない自由の侵害がある。

第三のアプローチからすれば、「国民全員」名義の利用は、国民全員が敬意・弔意を持っているかのような社会的イメージをつくってしまう。それが問題だ。

どのアプローチが、最も説得的だろうか。第一のアプローチはさっぱりしていてわかりやすい。しかし、個人の自由とまったく関係ないと割り切るなら、国葬をやる理由や必要性が説明できなくなってしまう。そこに国民の敬意や弔意が伴うか否か、伴わない国葬とは、いったい何なのだろうか。

他方、第二のアプローチは、少々、勇み足に見える。ソフト国葬は、国民一人ひとりがどんな気持ちを持っていても、それで不利益扱いをしたり罰したりするわけではないし、自分の身体を使って黙禱したり、敬礼したりすることまで求めているわけでもない。国が言論を強制していると捉えるのは難しい。多くの法律家や裁判所の判断の言う通りだろう。

私としては、第三のアプローチが最も状況を的確に説明できているように感じる。「国民全員」が敬意・弔意を持っているという誤ったイメージをつくり出すのはやはり問題だ。国が儀式をやるなら、誤った印象を与えない名義を使うべきだ。

おわりに

以上を踏まえて、実際の顚末《てんまつ》を振り返っておこう。

国葬の方針が表明された直後の世論調査では、国葬実施を支持する意見も多かった。しかし、時間が経つにつれ、国葬反対の声が高まる。2022年8月中旬以降の世論調査では、国葬反対多数の結果も多く出た。また、法律家の間からは、国葬が個人の思想・良心の自由の侵害になるのではないか、との懸念の声も上がった。例えば、東京弁護士会の伊井和彦会長は8月2日、「『国葬』の実施は、国民に対して特定の個人に対する弔意を事実上強制する契機をはらむものであり、国民の思想・良心の自由（憲法19条）との関係で好ましくない状況がもたらされかねない」との会長声明を出している。

こうした動きを経て、岸田首相は、国葬にできるだけ国民を巻き込まない方向に軌道修正する。まず8月26日、過去の元首相に対する内閣葬などでは、国の行政機関・自治体・教育委員会・国民らへの半旗掲揚・弔意表明の要請を閣議了解していたのに対し、このときは弔意表明要請の閣議了解を見送った。

さらに、注目されるのが、国葬の定義の変更だ。同年9月8日、衆参両院の議院運営委員会で行われた国葬に関する閉会中審査では、国葬を「故人に対する敬意と弔意を表す儀式」と表現した。以前の記者会見で示された表現から、「国全体として」という言葉が削除されたのだ。9月14日の立憲民主党の質問に対する国葬儀事務局の回答書でも、政府は、「国全体として」を除いて定義している。こうなると、この儀式は「ソフト国葬」とも言えないのではないかという気がしてくる。

実際、日本武道館で実施された2022年9月27日の岸田首相の弔辞では、敬意・弔意を持っているのは、あくまで「わたくし（岸田葬儀委員長）」と「参列」した者とされ、国民全員の弔意を示す内容にはなっていなかった。

結果的に見ると、「国全体」という名義は削除された。これ自体は評価すべきだろう。ただ、だからといって、「他者の名義を勝手に使って、誤った社会的イメージをつくってはいけない」という規範が十分に守られたかというと、疑問も残る。

「国全体」を削除した結果、敬意・弔意を示す名義が曖昧にされた。名義が曖昧だと、「名義は国民全員です」とは断言できない一方で、「名義は国民全員ではありません」とも断言できない。どこまでいっても、「国民全員の敬意・弔意が表明されたのではないか」という疑念がくすぶり続ける。

本来であれば、「この儀式で、敬意・弔意を表する名義は○○だ」と明確に説明すべきだった。儀式の実施を決めたのは内閣なのだから、この「○○」に入り得るとしたら、結局、内閣以外にはないだろう。今回の儀式は、内閣名義で敬意・弔意を表明する内閣葬だったと説明して、儀式の名義と性質を明確にすべきだろう。そうしないと、結局、国民の思想の自由に抵触しているのでは、という疑念は晴れない。

あるいは、国葬には国会の議決を要求する制度を整えるべきではないだろうか。国会の議決ならば、「反対者もいた」という事実が記録され、「国全体」には多様な意見があることを可視化できる。全会一致を前提とする「内閣」と、議論の上で多数決をとる「国会」とでは、「国全体」が示す社会的イメージも異なることに注意が必要だ。

田中耕太郎裁判官型の「自分は自分だから、国が何をしようといちいち気にしなくていい」が、世の中の多数派かもしれない。国際法学者の田中裁判官からすれば、個々の国民の意向にかかわらず、国家は対外的に統一的な意思を表明できるという発想が自然な気もする。

でも、そういうことが気になってしまう人々の声を無視していたのでは、いつの間にやら「みんなそうだから」を押し付けられる社会がやってくるだろう。憲法を考える際には、多数派にかき消される少数派の声に耳を傾けることも重要だ。面倒でも、自分の感じた引っ掛かりを大事にして、憲法と共に考えてみる必要がある。

第４章

同性婚を求める声に誠実に向き合っているのか？

――日本家族法の意義と社会的承認としての婚姻

はじめに

同性カップルの婚姻（同性婚）が課題となって久しい。

私は、法律を専門に学んでいるので、「結婚したい」という言葉から想像するのは、その法的効果だ。婚姻には、いろいろな法的効果がある。現実問題として特に重要なのは、遺言なしに配偶者の財産を相続できる（民法900条1号）、相続税率が軽減される（相続税法19条ノ2）といった相続関係の効果だろう。

子どもが生まれたときに、夫の認知がなくても父子関係が成立する（民法772条）、社会保障で特別な扱いがあるなど、二人の子育てや共同生活に便利な効果も、影響は大きい。では、同性カップルは、婚姻のどのような法的効果を必要としているのだろうか？

しかし、当事者の一人、一ノ瀬文香《あやか》さんは、この問題の立て方自体に疑問を投げかけた。一ノ瀬さんは、レズビアンであることをカミングアウトしているタレントだ（一ノ瀬文香『ビアン婚。』双葉社、2016年参照）。2015年のレインボーウィークに、彼女から同性婚イベントの講師としてお声がけいただき、それ以来、何度かお話をさせていただいている。なお、レインボーウィークとは「東京レインボープライド」が行うプライド・パレードの前後に実施される、LGBT（レズビアン、ゲイ、バイセクシュアル、トランスジェンダー）の多様な性の在り方を認め、考えるイベントである。

いつもの法学部のノリで、「同性カップルは、婚姻のどの効果がなくて困っているのですか?」と一ノ瀬さんに聞いたところ、「異性カップルの人たちは、結婚するときに『何に困っている』などと聞かれたりはしない。なぜ、私たちだけが、結婚するときにそう聞かれなくてはならないのか」という言葉が返ってきた。

「なぜ、私たちだけが……」。この問いこそが問題の中核だ。

1　日本の婚姻法制と同性婚

遠回りに感じるかもしれないが、前提として、日本の婚姻制度の歴史を概観しておこう。

1898（明治31）年に制定・施行された明治民法の親族法は、戸主を中心として、戸主と婚姻関係・血縁関係にある人々を支配する「家制度」を採用した。戸主は家の財産（家産）の所有者であり、家に属する者に対して居所指定権などの支配権を持つ一方、扶養の義務を負った。

婚姻は妻が夫の「家」に入るための制度（夫が妻の家に入る例外も認められた）であり、その成立には戸主の同意を必要とした。妻の不貞行為を離婚原因とする一方で、夫の不貞行為は必ずしも離婚原因とはならなかった（強制性交罪に該当する不貞行為のみが離婚原因だった）。妾《めかけ》を認めるためである。

家制度の下《もと》での婚姻は、一対一の愛情に基づく生活を保護するというより、家を受け継ぐ夫の血統を保護する制度だった。ただし、生殖関係だけが保護対象となったわけではなく、生殖関係のない男女も婚姻はできた。

1947（昭和22）年5月3日、日本国憲法が施行された。ベアテ・シロタが原案を作った新憲法24条は、「両性の合意」だけで婚姻が成立すること、家族法制は「個人の尊厳」と「両性の本質的平等」に立脚すべきことを定めた。これを受け、戸主による家族支配と、男女の不平等を特徴とする明治の家族法は大改正され、男女平等の現行家族法となった。

一般論として、家族法制は、保守思想や社会的差別の影響を受けることが多い。1940年代の欧米各国の家族法には、個人の尊厳や平等に反する内容も多かった。例えば、フランスやドイツには、婚姻後の氏《うじ》は夫の氏を原則とする規定や、子の親権について父を優先させる規定があった。アメリカには、異人種間の婚姻を禁じる州があった。これらの国が、個人の尊厳や男女平等に立脚した家族法の改正を進めるのは、1960年代以降だ。日本の家族法改正はかなり先進的だったと言えるだろう。

戦後の家族法改正を主導したのは、我妻榮《わがつまさかえ》教授だ。我妻教授は、理論に優れるだけでなく、鋭い現実的洞察力の持ち主で、男女の力関係に大きな差があること、法律に夫婦平等の理念を書いただけでは生活実態は変わらないことをよく理解していた。「日本の家族法が遅れている」というイメージを持つ人は少なくないように思われるが、女性の権利との関係を見る限り、それは不当な評価だろう。

戦後の家族法改正により、家制度は解体され、婚姻は「家」ではなく夫婦の関係となった。このとき、同性カップルの婚姻は認められなかった。国会や民法を起草した審議会・委員会の議事録には、その理由は明示されていない。その後、国会などでその理由が深く検討されたこともない。なぜ、同性カップルの婚姻は認められなかったのか。

一つの見方は、同性カップルを排除する差別感情が働いていたというものだ。我妻教授とともに起草に関わった中川《なかがわ》善《ぜん》之《の》助《すけ》教授は、同性婚は「学問を妻とするとか、芸術と結婚する」のと同様で、人ならざるものとの結婚と同様に「社会通念」に反するから認められない、と説明している（中川善之助『親族法〈上〉』青林書院、１９５８年、１５８頁）。

中川教授の物言いも随分なものだが、20世紀の議論としては特異なものではない。ここからだいぶ時代が下った１９８７年、憲法学者の内野正幸・中央大学名誉教授は、同性愛者の権利を考察する論文の中で、「私は、ホモの気がないばかりか、同性愛にある種の嫌悪感を抱いている一般人の一人」だと断りながら（差別意識そのもので、あり得ない「断り書き」だ）、「同性愛のための婚姻制度が憲法上要請される」という「ラジカルなホモ権論」について、「そこまでいわれると、大多数の者は、ついていけないものを感じるであろう」と論じた（内野正幸「同性愛をめぐる憲法問題」『法学セミナー』３８８号、１９８７年、18〜21頁）。こうした記述からすれば、20世紀後半の日本で、同性カップルの婚姻が認められなかった理由は、同性愛への差別感情ということになろう。

もっとも、一部の学者の見解を、法制度の理由とみなすのは適切でないかもしれない。

もう一つの見方は、婚姻は生殖関係を保護する制度と見られていた、というものだ。

民法の教科書では、次のような説明がなされる。子どもが生まれたとき、母親は明白だが、父親は母親ほど明白ではない。女性が特定の男性と特別な関係を結び、他の男性と性関係を持たないことを法で保障すれば、子どもの父親が誰かを明らかにできる。婚姻は、こうした特別な関係にある男女の権利義務を定め、男女が子を産み育てる関係を保護するものだ。

こうした婚姻制度の趣旨からすれば、生殖関係がない二人には婚姻制度は不要だ。同性カップルの間にも生殖関係がないのだから、婚姻制度の対象にする必要はない。

この説明によれば、同性カップルが婚姻できないことは、妊娠していない女性が妊婦検診の助成対象にならなかったり、子どものいないカップルが育児手当を受給できなかったりするのと同様、合理的な区別であって差別ではない。また、同性カップルに限らず、生殖関係のないカップルはあえて婚姻しようなどとも思わないだろう。

しかし、話はそう単純ではない。

2　同性婚を求める動き

欧州諸国では、20世紀最末期から、同性カップルの共同生活のため、「パートナーシップ」や「パックス」といった名称の制度が整備されてきた。2001年には、オランダで世界初とされる同性カップルの婚姻法制が施行され、以降、欧州、南米、オセアニアの国々が続いた。2015年には、アメリカ連邦最高裁が、同性間の婚姻を認めないのは憲法違反だとする判決（Obergefell v. Hodges, 576 U.S., 2015）を出し、世界的に注目された。アジアに目を向けると、台湾で同性カップルの婚姻のための制度が成立している。

日本では、2010年代から同性婚を求める動きが活発化した。同性カップルの婚姻を認めないのは、平等権侵害だとする論文も発表された（齊藤笑美子「家族と憲法——同性カップルの法的承認の意味」『憲法問題』21号、2010年）。2014年には、同性婚の立法を目指すNPO法人としてEMA日本（EMAはEqual Marriage Allianceの頭文字）が設立された。

2015年、渋谷区で日本初の同性パートナーシップ証明のための条例が制定された。

この動きは他の自治体にも広がり、2025年1月時点では人口カバー率が90%を超えている。

パートナーシップ証明の制度は、その名の通り、「自治体が、同性カップルのパートナー関係を証明する」というだけの効果しか持たない。婚姻と重複して証明を受けること（いわば重婚）もできてしまうなど、不十分な制度なのは明白だ。ただ、自治体は、法律を無視して「婚姻」の名称を使ったり、婚姻の効果を与えたりすることはできないから、国が動かない中で、自治体が最大限努力して作ったものと言えるだろう。

2015年には、もう一つ大きな動きがあった。LGBT支援法律家ネットワーク（2007年に結成された性的マイノリティ支援を目的とする法律家のネットワークで、メーリングリストでの情報共有を中心に活動している）に所属する弁護士たちが、同性婚人権救済弁護団を組織した。弁護団は当事者の声をまとめた上で、日本弁護士連合会に対して、同性婚が認められないことを人権侵害とする人権救済申立てを行うことを企画した。

同年7月7日、455名もの申立人が、「日本で同性婚が認められていないことは人権侵害である」旨の勧告を総理大臣・法務大臣・衆参両院議長に出すよう求める申立てが行われた。2019年7月18日、日本弁護士連合会はこの申立てを認め、「我が国においては法制上、同性間の婚姻（同性婚）が認められていない」が、このことは「性的指向が同性に向く人々の婚姻の自由を侵害し、法の下の平等に違反するものであり、憲法13条、14条に照らし重大な人権侵害と言うべきである」として、「国は、同性婚を認め、これに関連する法令の改正を速やかに行うべきである」とした。

では、なぜ、同性カップルに婚姻が必要なのか。日弁連への申立ての中心となった山下敏雅弁護士の話を紹介しよう。この申立てには二つの企図がある。

第一は、婚姻の法的効果を得られなくて困っている性的マイノリティを救うこと。

山下弁護士は、司法修習生時代に、あるゲイカップルに出会った。日本国籍のAさんと外国籍のBさんは、Aさんが経営するお店で、Bさんが従業員として働きつつ、共同生活をしていた。Aさんは急な病に倒れた際、自分の死後もBさんが生活に困らないよう、財産を継がせるため遺言を書いた。しかし、相続をめぐって、Aさんの親族とトラブルが生じた。Bさんは在留期限を超過したオーバーステイだったため、Aさんの親族から、遺言通りに財産を継ぐなら入管に告発すると言われ、大幅な譲歩を迫られたという。

もし、同性婚の制度があれば、Bさんは日本人の配偶者としての在留資格を得てオーバーステイにはならなかったし、死の間際に慌てて遺言をしなくても、法定相続分が認められたはずだ。婚姻の法的効果が得られないことに起因する問題は、他にも数多く起こっている。

第二は、性的マイノリティへの社会の理解を深め、差別をなくすこと。性的マイノリティは、差別に悩まされる機会が多々ある。例えば、親族に自身が同性愛者であることを説明できない、同性愛者やトランスジェンダーであることを理由に就職差別を受ける、地域社会でも、相手がどこまで同性愛に理解があるかわからず、二人の関係を説明できない、といったことだ。同性婚の制度ができれば、性的マイノリティへの社会の理解が深まり、差別解消の大きな一歩になるだろう。

このように、婚姻には、生殖関係がないカップルにとっても必要な効果が盛り込まれており、それが得られない不利益は大きい。婚姻を利用できないことが性的マイノリティへの社会の理解を阻害する大きな原因になっていると、当事者は感じている（以上の議論は、同性婚人権救済弁護団『同性婚　だれもが自由に結婚する権利』明石書店、２０１６年、プロローグ参照）。

3　同性婚訴訟と原告の声

2018年冒頭、LGBT支援法律家ネットワークのメンバーから訴訟提起の声が上がり、準備が始まった。訴訟の弁護団には、同性婚人権救済弁護団から引き続き参加した人もいれば、新たに加わった人もいる。訴訟は、札幌・東京・名古屋・大阪・福岡の五つの地裁で2019年に提起され、各地域の当事者たちがそれぞれの地域で原告となった。

訴訟は、誰かに何かを命じる判決を出してもらう手続きだ。国会に「同性婚立法をしろ」と命じる判決を求めることができるなら、端的でわかりやすかっただろう。しかし、現在の憲法と法律の定めでは、そのような訴訟はできない。

そこで、原告たちは、「婚姻できないこと」を損害として、国にその賠償を請求した。同性カップルが婚姻できないのは違憲であり、国会にはその違憲状態を是正する義務がある。それにもかかわらず、その義務を怠ったことで、原告たちは損害を被ったから賠償せよ、という主張だ。もしも判決で同性婚を立法する義務（の不履行）が確認されれば、国会は早急に立法に向けて動かざるを得ない。

2019年2月14日、札幌・東京・名古屋・大阪の各地裁に、また、同年9月5日に福岡地裁に訴訟が提起された。原告たちや弁護団は、この訴訟を「結婚の自由をすべての人に」訴訟と呼ぶ。同性愛者の特権を求めているのではなく、誰もが得られるはずの婚姻の権利をすべての人に与えることを求める訴訟と位置付けるからだ。

弁護団が提出した訴状では、まず、当事者たちが婚姻の効果を得られなくて困っていることが強調される。法律家としては、当然の主張だ。

では、原告は、何を訴えているのだろうか。東京訴訟で、原告の一人として陳述書を提出した佐藤郁夫氏に注目してみよう。佐藤氏ももちろん、弁護団と同様に、法律婚が得られないことによって、いかに困っているかを指摘する。しかし、佐藤氏が特に強調したのは、次の点だった。

【佐藤郁夫氏の陳述書】

これまでに述べたとおり、私とよしは、お互いに愛し合い、精神的にも経済的にもお互いを助け合い、支え合って生きており、「結婚している夫婦」そのものです。
しかし、私たちは、結婚したいと望む相手が同性であるという理由だけで、異性カップルとは異なり、法律上の結婚をすることができません。人は生まれながらにして平等です。それにもかかわらず、異性カップルなら、当たり前のように自分の望む相手と結婚することができるのに、同性カップルはどうして結婚することができないのか。婚姻制度という国家の大切な制度から、どうして同性カップルは排除されるのか。このこと自体が明白な差別であり、とても悔しいことであって、他に説明は不要なはずです（陳述書は https://www.call4.jp/file/pdf202102 /051c148d45719b54e09a95531efcd3c2.pdf にて公開されている）。

その上で、佐藤氏は、「私たちのような同性カップルは、二人の関係をどのように説明したらいいのかについて、毎日のように選択を迫られ」、親や兄弟姉妹に二人の関係を認知してもらえないのではないかという不安を抱えていることを訴える。もしも、「法律上、同性間の婚姻が認められて、同性カップルの存在が社会的に承認されれば、二人の関係の説明に苦しんだり、そのために家族等と疎遠になってしまったりという状況もなくなるはず」だろう。

同性カップルは法律上の婚姻に包摂されないため、社会や親・兄弟姉妹から、婚姻とは異なる「異様な関係」と評価されることが少なくない。それが当事者の生活を苦しいものにしているとの主張だ。こうした陳述は、山下弁護士の話ともしっかり重なる。

4　社会的承認としての婚姻

教科書的説明によれば、婚姻は生殖関係のための制度だ。生殖関係のないカップルが、その効果を得られなくて困ることもなければ、それを利用しないことで社会的承認が得られないということもないはずだ。しかし、当事者たちは、①婚姻の法的効果が得られないこと、そして、②婚姻ができないために社会の承認が得られないことに、現に困っている。

では、あなたが、同性カップルから「なぜ、私たちだけが婚姻できないのか」と聞かれたなら、あなたは「生殖関係がないのだから婚姻できないのは当たり前だろう」と答えるだろうか。法律を学ぶ者としてはいたって自然なこの答えだが、常識的な人々から見れば、大きな違和感、場合によっては嫌悪感を生じさせるのではないだろうか。なぜ、こんなことになってしまったのか。

ポイントは、現行法が生殖関係を婚姻成立の要件としていない上に、婚姻の法的効果が多岐にわたるため、婚姻という言葉が必ずしも生殖関係、あるいは特定の法的効果と結び付かなくなっていることだ。

外国法には、生殖行為を婚姻の成立要件とする例もある。しかし、日本法では、明治期以来、生殖行為や子の出生を婚姻の成立要件としたことはない。高齢でも不妊体質でも、異性のカップルが合意すれば婚姻できる。婚姻の法的効果も、生殖関係がなくとも、共同生活をする上で便利な効果がいろいろ含まれている。

今の婚姻法ができた経緯を私なりに整理すると、次のようになる。「生殖関係を伴う親密な異性カップルを保護する制度を作ること」と「生殖関係のない異性カップルの共同生活を保護する制度を作るかどうか」とが課題としてあった。生殖関係の有無で制度の名称を分けることもあり得たが、「婚姻」という名称で、生殖関係のある異性カップルと生殖関係のない異性カップルの両方を保護することとした。このため、実際の婚姻は、生殖関係を成立要件とせず、生殖関係のないカップルにも便利な効果が多く含まれることになった。

もっとも、婚姻の諸効果は、生殖関係を結んだり、共同生活をしたりするのに必須というものではなく、「あれば便利」あるいは「理念的な訓示」の範囲に収まっている。例えば、同居義務（民法752条）が規定されているが、婚姻せずにいわゆる「同棲」や「事実婚」によって共同生活をしている人がいる一方で、同居しないままに婚姻している人も少なくない。

あるいは、子どもの共同親権（民法818条3項）も、父母のいずれかの単独親権としたところで、両者の関係が良ければ共同で子育てできるし、親権行使についても当事者間で話し合いをするだろう。他方で、共同親権にしたところで、子育てについて協力できない父母はいる。

このため、「婚姻の中核的な法的効果はこれだ」「婚姻と言えば○○の効果を得られる制度だ」という感覚は成立し得ない。婚姻という言葉は特定の効果と結び付くことなく、

「婚姻とは婚姻という名称の関係をいう」という形式的な理解に傾かざるを得ない。

ところで、単に「婚姻」という言葉の意味が希薄化ないし形式化するだけであれば、社会的な承認の問題は生じない。「婚姻から排除されると社会的承認が得られない」という事態は、なぜ生じるようになったのか。これは、日本での婚姻制度の利用率の高さの帰結ではないだろうか。

諸外国では、婚姻の意味が重大で、簡単には解消できない制度になっていることも少なくない。離婚に裁判所の許可が必要だったり、一定の別居期間を経ないと離婚できなかったりする。しかし、婚姻は人間関係だから、ダメになったら、強制することは不可能だ。「一度、婚姻した以上は添い遂げるべし」という理念は立派かもしれないが、法的強制力を強くしすぎれば、婚姻制度そのものを回避する人が増え、制度は機能しなくなる。欧州では、婚姻制度を敬遠する人が増えた。二人で子どもを産み育てながら共同生活を送っていても婚姻しない人の率が高まり、例えばフランスでは婚外子が半数を超えている。

そうした中、20世紀末の欧州では、同性婚を求める動きが活発化した。各国は、それに応じつつも、同性婚を異性婚より格の低い制度にするため、婚姻よりも解消が容易なパックスやパートナーシップとして制度を作った。すると、異性カップルからも、そうした「軽い制度」を使いたいという要望が出てきた。21世紀には、婚姻を同性カップルに開放する一方で、パックスやパートナーシップを異性カップルに開放する方向に進んだのだ。

他方、日本法では協議離婚の制度が採用され、当事者の協議を経て離婚届を出せば、裁判所の確認がなくても離婚できる。また、共同生活の継続が困難になれば、別居期間を経なくても「その他婚姻を継続し難い重大な事由」が認定され、裁判で離婚できる（民法770条1項5号）。

現行法立法時には、離婚のすべてを裁判所が確認する構想もあった。しかし、面倒な手続きを設けると、実際には離婚しているのに形だけ婚姻が継続する、事実婚ならぬ「事実離婚」が生じるだけだとのことで、今の形になった。戦後家族法改正の現実的な視点がよくわかるエピソードだ。

もちろん、日本の婚姻制度についても、諸々の不満を持つ人はいる。例えば、民法750条が夫婦別姓を認めないことには批判も強い。しかし、日本の実務・判例では、民法750条は社会で旧姓を使うことは何ら否定していない（いわゆる通称使用）として、夫婦同氏制を骨抜きにし、柔軟に対応してきた。

この結果、日本の婚姻制度は、共同生活を営む大半のカップルが利用する使いやすい制度になっている（特に、婚外子割合の少なさは、欧米に比べて目を見張るものがある）。そのため、社会では、「婚姻していること」が親密な共同生活の存在を示し、「婚姻していないこと」が親密な共同生活のないことを示す基準として機能するようになった。

これは、法的な効果として明確に規定されたものではなく、実際の婚姻利用率の高さに由来する印象にすぎない。しかし、婚姻という名称と特定の法的効果の結び付きが弱いことの結果として、当事者にとって最も大きな婚姻の意味は、この「周囲への印象」になっていった。婚姻は、何らかの機能を求めてなされるものではなく、アクセサリーのように、周囲にアピールするものとして存在している。

この婚姻のアクセサリー化には、それを身に着けない人たちへの差別を促す副作用があった。婚姻という名称を伴わない関係には、「共同生活をするカップルなら誰もがする婚姻と同じではない」という印象が発生する。この結果、①婚姻の直接的な法的効果だけでなく、②婚姻という名称のもたらす社会的承認が、重大な関心事となった。

5　裁判所の判断

では、裁判所は、こうした当事者の訴えにどう応じるべきなのか。

憲法上の権利は、基本的に、不当な刑罰や得られるべき権利が得られないことなど、違憲な法的効果の是正を導くためのものだ。法律の直接の効果ではない社会への印象のようなものは、訴訟の対象にしにくい。だから、①の婚姻の法的効果はともかく、②の社会的承認としての婚姻がもたらす印象の格差は、法律論には乗りにくい。

裁判所としては、①の法的効果の議論に徹するのが一つの道である。最初の判決となった札幌地裁（札幌地判令和3年3月17日判例時報2487号3頁）は、それを選んだ。婚姻の効果を区分けして、生殖関係を前提にした婚姻効果は別にして、「親密な関係に基づく共同生活」を保護する効果すらも享受させないのは違憲だと判断した。

これに対し、二番目の判決となった大阪地裁の判決（大阪地判令和4年6月20日判例時報2537号40頁）は、原告たちは個別の法的効果ではなく、「婚姻できないこと」を違憲だと主張していると整理した。大阪地裁によれば、原告たちは、異性カップルと完全に同一の婚姻を求めており、一部の効果の不平等があるとしても、それは今回の訴訟対象ではない。これを前提にすると、現在の婚姻には生殖関係を前提にしたものが含まれている以上、同性間の婚姻を認めないのは違憲ではないとした。

続く東京地裁（東京地判令和4年11月30日判例時報2547号45頁）、名古屋地裁（名古屋地判令和5年5月30日）、福岡地裁（福岡地判令和5年6月8日）は、いずれも婚姻できないことの違憲の主張については、大阪地裁と同様に判断する一方で、原告らが婚姻の一部の効果が得られないのは、本件訴訟の対象外だが違憲状態だと認められると述べた。名古屋地裁は、原告は、婚姻とは別に、個別の婚姻効果も争っていると理解し、生殖と関係ない効果の不平等は本件訴訟の損害賠償請求との関係でも違憲だと判断した。

このように、裁判所の判断は、札幌地裁型と大阪地裁型に分かれている。どちらのタイプが妥当なのか。

仮に、札幌地裁型で原告勝訴判決を出すとするなら、原告に認めるべき婚姻の法的効果を逐一列挙した上で、例えば「法定相続分が得られないのが10万円、相続税の負担が増える分が20万円、本来得られるはずの日本への在留資格が得られなかったのが50万円……」といった形で、法的効果ごとに損害額を認定し、それを合算して賠償額を計算する内容になる。しかし、このような判決は、社会的承認の問題を正面から議論していない印象を受ける。

他方、「原告たちはバラバラに婚姻の効果を争っているのではなく、一体としての婚姻を争っている」という大阪地裁型の理解で原告勝訴判決を出すとすれば、「生殖関係の有無にかかわらず、原告たちの愛情に基づく親密な関係は婚姻に包摂され、婚姻という名称で呼ばれるべきである」とする内容になる。こちらの枠組みの方が、原告の主張を正面から受け止め、②の社会的承認としての婚姻の問題を捉えようとしたものにも見える。

とはいえ、「原告が求めるのは、現在の婚姻と完全に同一の婚姻だ」というのは、原告の主張をあまりに硬直的に理解するものだし、「だから、現在の婚姻に、原告に適用できない要素を一つでも見つければ、原告の主張は退けられる」という態度は、意地悪な揚げ足取りに見える。

「なぜ、私たちだけが婚姻できないのか」との問いに、「あなたたちは異性とまったく同じ婚姻を求めているようですが、それは、自分たちを『夫婦』と呼び、生殖に関する規定を適用してくださいと言っていることになるんですよ、おかしいでしょ」と答えるのは、誠実さに欠ける。当事者が訴えたいのは、そういうことではないだろう。

おわりに

差別の本質は、相手の尊厳に不誠実な態度をとることにある。相手の真摯な訴えにもかかわらず、その存在がないかのように扱ったり、軽視したり、論点を逸らしたりする態度だ。

大阪地裁型の判断は、当事者に誠実な態度をとっているとは言い難い。そのような態度をとってしまう背景に、「性的マイノリティを軽んじる差別意識がなかった」とは言えないだろう。かといって、札幌地裁型の判断では、婚姻という名称がもたらす社会的な承認の問題を捉え切れない。原告たちの幸福を実現するには、憲法論や、原告の主張の解釈に何らかの工夫が必要だ。

一つの方法としては、あくまで婚姻の個別効果の不平等を問題とする枠組みを維持しつつ、その中で、相続や同居義務と並び、「婚姻という名称で公に証明される法的効果」の不平等を論じてみることが思い浮かぶ。

本来であれば、「これは差別だから、是正しなさい」で解決したいところだ。しかし、何度考えても、「差別」を裁判システムの中で認定するのは、現在の手法では難しい。従来の法律論の枠組みでは、「婚姻のどの効果を享受したいのですか」という、ずれた反応になってしまう。原告たちの尊厳に誠実であるには、「それは、差別ではないですか?」と直接に向き合えるような方法を探求し続けるしかない。

第5章

「同居親＝わがまま」という差別に抗するために

——非合意・強制型共同親権推進論の背景にあるもの

はじめに

「差別とは何か?」をめぐる議論は多い。法学者の間でも、「重要な利益を奪う行為」「目的に役立たない不合理な区別」などの定義が提案されてきた。ただ、「行為の外形や結果」に着目して差別を定義しようとする試みは、あまりうまくいっていない。

例えば、十分に学力があり、入試でも合格点をとったにもかかわらず、不合格になった人がいたとしよう。大学入学資格という重要な利益が剥奪されており、学ぶ意欲と能力のある学生を集めようとする入試制度の目的に照らして合理的ともいえない。しかし、不合格の原因が「入試得点の計算ミス」だったらどうだろう? その人が「差別」を受けたとは表現し難いだろう。

そうだとすれば、差別は「行為者の感情」に着目して定義されるべきだ。私は、ある類型(人種や性別、性的指向など)の人に嫌悪感や蔑視感情を持つことを「差別」、それが発露された行為を「差別行為」と定義する。

「差別」を嫌悪感や蔑視感情といった「感情」として定義する場合、「差別行為」は「行為の外形や結果」によって定義することはできない。

差別ではイメージしにくいかもしれないので、愛情を例に考えてみよう。愛情はプレゼントや笑顔、頻繁な連絡などの行為に表れることがある。しかし、「愛情行為とはプレゼントや笑顔、頻繁な連絡のことだ」とは定義できない。それらの行為は、愛情以外の感情、例えば出世欲や体面を維持したいという感情、ストーカー的な悪意に基づく場合もある。他方で、プレゼントや笑顔以外にも、愛情が表れる行為はいくらでもある。

外形だけで差別の有無を判断できないのなら、ある行為が差別行為かどうかは、行為の動機や行為者の傾向から考えなくてはならない。最初は差別と認識できなかった行為でも、あるきっかけで差別だったと気づかされることもある。

こうした視点から、現在、注目されている離婚後の共同親権問題を検討してみたい。

1　離婚後の親権に関する法制

２０２４年５月、離婚後に父母双方が親権を持つ民法等の改正案が参議院本会議で可決・成立し、「共同親権」が導入されることとなった。まず、改正前の離婚後の親権法制を整理しよう。

未成年の子は、一人で生活をしたり、法的決定をしたりする十分な能力を持たない。そこで民法は、「親権」という制度を用意した。親権には、①医療・教育・財産管理などの重要事項を法的に決定する狭義の親権と、②日常の世話や教育を行う監護権とがある。父母が婚姻中は共同で親権を行使し（民法８１８条３項本文）、非婚・離婚後の場合には父又は母が単独で親権を行使する（同８１９条）。

もっとも、非婚・離婚後は単独親権といっても、親権者が単独で行使できるのは「①狭義の親権」の部分に限られる。「②監護権」は、親権の所在とは別に、父母の協議で決定される。父母の協議が整わないときは、家庭裁判所（以下、家裁）が子の利益を基準に監

表5　日本の親権法（改正前）

	婚姻中	離婚後・非婚
①狭義の親権 重要事項の決定。	父母の共同親権 （民法818条3項）。 ただし、父母の別居時には、どちらかが監護者となる。	父母いずれかの 単独親権 （民法819条参照）。
②監護権 日常の世話や教育。		父母の協議。 整わなければ 裁判所が判断 （民法766条等）。

護の方法を決定する。監護の方法を決めるにあたっては、子の利益を最も優先して考慮しなければならない（協議離婚につき民法766条、裁判離婚につき民法771条、非婚の場合につき民法788条）。

例えば、離婚した父母が近くに住み、子が父母それぞれの家を行き来し、監護を半々で分担することもある。夫婦別氏《べつうじ》を望むカップルが事実婚をして、父母子が同居するケースも少なくない。このケースでは、父母が法律婚をしていないので、形式的には父か母の単独親権になる。

逆に、婚姻は継続しているにもかかわらず、父母が別居する場合もある。この場合、婚姻関係にあるので、父母は共同で①狭義の親権を行使する。②監護権については、父母の協議次第だ。父母が近所に住んでいるなどの特別なケースを除き、子が父母のどちらと住むのかを決めなくてはならない。父母の話し合いで決まらない場合には、家裁で監護者指定の手続きを踏み、監護者に指定された親と子が同居する。

別居までに父母の協議が整わないまま、父母のどちらかが子を連れて家を出ることもある。残された側がこれに不満な場合は、自身を監護者と指定するよう裁判所に申立てることができる。監護者でない方の親と子は、父母の協議や裁判所が決めたスケジュールに従い、面会交流を行う。

このような改正前民法の内容は、子と生活を共にし、子の状態を理解している親が重要事項を決定するという意味で、現実的であると同時に、子の利益に適《かな》う。例えば、医療（ワクチン接種や手術を受けるかどうか等）や教育（どの中学・高校に進学するか等）、居所指定（どこに住むか）といった重要事項は、原則として、子と同居する親が親権者として決定する。

もっとも、当然のことながら、離婚・非婚時に、単独親権者が他方親と相談することは禁止されていない。単独親権者が、他方親の意見が参考になると思うならば、いくらでも相談できる。

他方で、離婚後に父母の意見が分かれたり、そもそも話し合いが成立しなかったりする場合にも、単独の親権者が決まっているので、重要事項はスムーズに決まる。例えば、別居親の反対で「子の引っ越しができない」「海外旅行ができない」といった事態は生じない。DV（恋人や配偶者間暴力）や虐待がある場合には、加害者が嫌がらせとして、あらゆることにケチをつけるようなケースもしばしば見られるが、単独親権なら少なくとも法律上はそれを無視できる。仮に加害者が親権を持った場合には、被害者側による親権者の変更手続きで対応できる。

こうした親権法は、「協力関係のない父母が共同決定を行うのは無理がある」という極めて現実的な考慮に立脚している。逆に言えば、「家族はこうあるべし」「父親はこうあるべし」「母親はこうあるべし」「子はこうあるべし」という規範の押し付けが弱い。諸外国の立法例を見ても、家族法の分野では、実態を無視した家父長制的な押し付けが目につくものだが、日本の家族法は、なぜこのような現実的な法制度の設計が可能だったのだろうか。

戦後、日本国民は、大日本帝国憲法にかわり、日本国憲法を制定した。この新憲法の24条は、家族法を「個人の尊厳」と「両性の本質的平等」という二つの価値に立脚して制定することを求めた。これは、当時の社会状況に照らして革新的だっただけでなく、現在の目から見ても、十分に先進的な内容だ。これを受け、民法の家族法分野では、新法制定に匹敵する大改正が行われた。

法改正時、離婚後の親権についても議論が行われた。議論を主導した我妻榮教授は、端的に、離婚後に父母が共同で親権を行使するのは無理だとした。我妻教授は、その著書の中で、「父母が離婚するときは、子を監護すべき温床が破れる」と表現している（我妻榮『親族法』有斐閣、1961年、141頁）。

このような現在の日本の親権法を大きく改正する必要はあるだろうか。もちろん、家裁の実務では、裁判官や調査官があまり時間を割いてくれない、十分に事情を聴いてくれなかった、という不満の声が上がることもある。虐待を立証したのに、ないことにされて親権を奪われたという人もいる。

しかし、そうした問題は、訴訟や審判の手続きや裁判所の人的・物的・予算的な限界によるものだ。子の意見表明機会の充実やＤＶ・虐待認定のための迅速かつ丁寧な手続きの構築、裁判所予算の拡充などで解決されるべきだろう。親権法の問題ではない。

また、諸外国に比べて、離婚後の別居親と子の面会交流の機会が乏しいという指摘もある。しかし、それも、親権法の問題ではない。別居親と子との面会のために必要なのは、離婚家庭の心理的・経済的困難を和らげるための施設や人員、そのための予算の充実だ。

また、海外と比較する上では、日本ではまだまだ離婚率が低く、離婚に至るのは深刻な不和のケースが多い可能性について、留意すべきだ。さらに、子どもが学校・塾や習い事で忙しい、親の勤務時間が長い、転勤などが多く物理的に距離が遠い、といった家族法とは別の社会状況の影響も大きいことを考慮すべきだろう。

このように「親権法を改正しなくても問題はない」と終えることができれば、話は簡単である。ところが、話はここから始まる。

2　非合意・強制型の共同親権

法務大臣の諮問機関として、民事法・刑事法その他法務に関する基本的な事項を調査・検討する法制審議会という審議会がある。著名な法学者を中心に構成され、民法や刑法を改正する際には、この審議会で法案が審議される。この審議会の家族法制部会で2021年から、「父母の同意がないにもかかわらず、共同で親権を行使することを義務付ける法案」の審議が進められた。

先ほど述べたように、②監護権は、狭義の親権とは関係なく、子の利益の観点から配分される。「欧米では、離婚後に父母が半々で監護する事例も多いが、日本は……」などと言われることもあるが、半々の監護が子にとって最善なら、日本法の下でも、父母がそう協議すればよいし、裁判所はそう審判するだろう。多くの離婚家庭にとって、特に、裁判所で争われるようなケースでは、その条件を満たすことが困難なだけだ。②監護権については、既に諸外国で「共同親権（共同監護、Shared/Joint Physical Custody）」と呼ばれる制度が導入されている。

法案の主な狙いは、非婚・離婚後に、子の重要事項を法的に決定する、①狭義の親権を共同行使する制度の導入だ。簡単に言えば、非婚・離婚家庭において、「医療、旅行、引っ越し、進学などを決定する度に、必ず別居親のハンコやサインが必要になる」制度である。これは必要だろうか。

同居親と別居親の関係が良好なら、子どもをめぐるあらゆることについて普段から話し合っているだろうから、離婚後の共同親権導入による影響はさほどない。署名欄に連名が必要になるくらいだろう。

他方、父母が話し合いのできない関係なら、重要な法的決定が必要になる度に紛争が生じ、適時に決定できなくなる。「話し合いがまとまらないから、医療を受けるまでに半年かかった」「別居親が引っ越しに同意してくれないから、同居親の転職や子の進学に合わせた引っ越しができなくなった」という深刻な事態が生じ得る。

父母がそろって「非婚・離婚後も共同親権にしたい」と思っているなら、それを選択できる制度（合意型の共同親権）があってもよいだろう。しかし、共同親権の合意ができない場合、つまり、父母の少なくとも一方が「この相手と親権の共同行使はできない」と判断した場合にまで、裁判所が共同親権を命じる制度、つまり非合意・強制型の共同親権を義務付けるのは、重要事項のスムーズな決定を阻害し、子の利益を害する（非合意・強制型の共同親権導入を「選択的共同親権の導入」と呼ぶ人がいるようだが、その選択主体は裁判所であり、当事者の選択ではない。これを「選択的夫婦別姓」と並べて「選択的」と呼ぶのは、ミスリーディングだ)。

また、非合意・強制型の共同親権は、DV・虐待の被害者や、被害者を支援する弁護士たちからも強い反対が表明されている。

DVや虐待の加害者は、そうでない親よりも、親権や監護権を強く求める傾向がある。なぜか。加害性がない親なら、もう一方の父母や子には、その人を避ける理由はない。法で強制しなくても、自《おの》ずから、法的事項を含めた様々な相談をされたり、宿泊を含めた面会交流を求められたりする。

他方、加害性のある親は、もう一方の父母や子に避けられるため、公権力を使ってでも、関係を強制しようとする。さらに、DV・虐待の本質は支配にある。加害者は相手が支配から逃れることを自分への加害と捉え、支配の回復は自分の権利だと主張する傾向がある。

離婚後の共同親権が導入されれば、加害的な別居親は、共同親権の獲得を求め同居親に対し強い要求を行い、執拗な審判・訴訟手続きに訴えるだろう。また、裁判所が加害性を見落とせば、法的決定が必要となる度に、被害者は加害者とのコンタクトを強制される。被害者や被害者を支援する弁護士たちが、非合意・強制型の共同親権を懸念するのは当然だ。

子のためのスムーズな法的決定を得る利益、ＤＶ・虐待の被害者の保護の観点から、非合意・強制型の共同親権は、論外と言ってよい。

3　親の権利と父母の平等

ところが、非合意・強制型の共同親権を支持する法律家もいる。法制審議会に参加する弁護士や法学者の中にも多く、現在検討中の法案のたたき台は、合意型のみならず、非合意・強制型でも共同親権を設定し得る内容になっている。

非合意・強制型の共同親権を推進する理由はどのようなものだろうか。いろいろな理由付けがあるが、中核には、「『親の権利』と『父母の平等』は憲法上の権利だ」という主張がある。

まず、すべての親には、子と関係を取り結び、子の監護や法的決定を行う権利があり、それは憲法が保障する人格権だ、という考え方がある。もう少し説明しよう。一般的な見解によれば、憲法13条は個人の人格的生存にとって不可欠の諸権利を保障している。人格的生存にいう「人格」とは、自ら価値を選び取り、自分の生き方や行動を決定できる存在という意味だ。これに基づき、生きる自由や身体・健康への権利、名誉権やプライバシー権が保障されている。この中には、自分の子を育てる権利も含まれる。

確かに、自分の子と引き離されず、共に暮らし、監護・養育する権利は、憲法13条が保障する人格権に含まれるだろう。例えば、児童を徴兵して軍で育成・監護したり、生まれたばかりの子どもを親から引き離し、国が国益のために子を育てる施設に収容したりするような法律が憲法に適合するとは言い難い。

また、憲法14条1項は「性別」による「差別」を禁じ、憲法24条2項は、家族に関する法制は「両性の本質的平等」に立脚して制定すべきと定める。これらは平等権と呼ばれる憲法上の権利だ。父母の子育てする権利も、平等に保障されねばならない。

「親の権利＋父母の平等」を押し通せば、「離別・離婚後も、父母は半々の監護権、半々の親権を持ち続けるべきだ」ということになるだろう。このように、「親の憲法上の権利」は、非合意・強制型の共同親権を推進する強力なエンジンになっている。こうした主張は、そのわかりやすさから、法律専門家以外の心理学者・社会学者といった隣接分野の有識者、ジャーナリストの中にも広がった。

4 想像力と子の権利の欠落

しかし、「親の権利＋父母の平等」の理念そのものは正しいとしても、非合意・強制型共同親権が子の利益を害することに変わりはない。個人の幸福のためにある憲法上の権利が、なぜ、子や被害者の幸福を奪う道具として使われてしまうのか。

第一に、憲法上の権利を振りかざす側の想像力の欠如だ。これは非常に深刻だ。「離婚後も、父母は平等に親の権利を持つ」という定式は、あらゆる離婚を一括りにする。しかし、「離婚後」という括りはあまりに粗雑だ。「離婚後」の中には、別氏希望で法律婚を解消したものの、仲良く同居・事実婚を続ける事案もあれば、苛酷なＤＶ・虐待から必死に逃れている事案もある。適切に想像力を働かせることができる者ならば、「離婚後」を場合分けして、この場合はこう、この場合はこうと切り分けた議論をするだろう。

第二に、「親権は、子の権利のための制度だ」という意識の欠如だ。子は、親とは独立した個人であって、本来なら、医療や教育、居所に関する事柄も子自身の意思で決定すべきだ。ただ、残念ながら、子は自律して生活し、法的決定する能力の発展途上段階にあるため、子を支援するために親権を設定した。そうだとすれば、親権に関する議論で、出発点になるべきは親の権利や父母の平等などの親の都合ではない。「子の権利」である。子の利益にならないなら、親の権利が制限されるのは当然だし、父母の平等を要求する理由はない。

5　誰に対する権利なのか？

では、親の権利・父母の平等という憲法上の権利と、非合意・強制型の共同親権の関係はどのように考えればよいのか。

出発点とすべきは、「憲法が保障する権利は、国民が国家との関係で行使できる権利だ」という原則論だ。例えば、表現の自由（憲法21条1項）は、国家に表現行為を妨害されない自由を指すが、他の国民から批判をされない自由や、自分の投書を掲載するよう新聞社に強制する権利を含まない。憲法上の親の権利・父母の平等も、国家との関係を規律する権利であって、もう一方の親に対する権利ではない。

確かに、国が児童徴兵や一律の矯正施設収容などで父母と子を強制的に引き離そうとしたなら、親の権利は重要な役割を果たすだろう。また、明治民法のように、国が「親権は父親が持つ」と定めたならば、父母の平等を訴えて抵抗すべきだろう。

しかし、離婚後の親子関係は、「国が」親子を引き離したり、不平等を強要したりしているわけではない。一方の親が、「元配偶者に対し」子育てについて自分の同意を得ることを義務付けたり、平等な監護時間を設定することを要求したり、あるいは「子に対し」面会交流を要求しているのだ。ここでの国の責務は、父母に形式的に半々の権利を認めることではない。父母の主張を公平に聴き、個別の事例に応じ、子の利益のために最善の調整を行うことに尽きるだろう。

親の権利と父母の平等に立脚した離婚後共同親権の導入論議は、憲法上の権利の原則を見落としたせいで、「子の利益」のための親権を「親の利益」から考える、本末転倒の議論になったのだろう。

6 発言の軽さ

憲法上の権利の扱い以外に、推進派の発言の「軽さ」も問題だ。具体例を挙げよう。

非合意・強制型の共同親権には、子のための法的決定がスムーズに成立しない危険や、DV・虐待の継続を助長する危険がある。いずれも極めて重大で、軽視してよいはずがない。それでも推進するなら、導入によって得られるリスクを上回るメリットや、危険を除去する実効的な方法を説く必要がある。

しかし、推進側の発言は、驚くほど軽い。まず、法制審議会で、非合意・強制型の共同親権を推進する委員の発言を見てみよう。2023年6月6日の審議会で、合意がなくても共同親権にしなければいけない場合とは、どんな場合なのかと問われ、小粥《こがゆ》太郎委員（民法学者）は次のように答えた。

【2023年6月6日・法制審議会家族法制部会】

しかし、最初に申し上げたように、全て合意がある場合でなければ駄目かと言われると、それは裁判所が子の利益の観点等から命ずる場合はあり得るのだろうと、それを一切否定するというのは理屈としては少し難しいと。具体的に、この部会でしばしば念頭に置かれていると思うのは、離婚後の父母の一方の監護親が非監護親の親権を嫌って拒絶する場合というのが念頭に置かれてるような気がいたしますけれども、他方で、離婚後もうこどもには関わりたくないと、養育費は支払うけれども監護教育あるいは財産管理に関わりたくないという人が、言ってみれば親としての関与をもう嫌だということになると、それを自分が嫌だという場合に、一切その人を親権者とする余地がないのかと、それはそうでもあるまいと思うわけです。つまり、いろいろな局面があって、どう考えても一人が絶対嫌と言ったらどうしても一切共同親権があり得ないという形には、なかなか理屈としてはなりにくいのではないかと、理屈の話だけですけれども、そういうことを申し上げたいと思います。

要するに、「こどもには関わりたくない」親が親権を持てるようになることがメリットだという。それはメリットと言えるようなものなのだろうか。これが、重大な危険を甘受してまで実現すべきメリットだという主張には耳を疑う。

もう一つ、２０２３年11月20日に法務大臣に提出された一部民法学者や弁護士らの「要望書」を見てみよう。

【離婚後の共同親権導入に伴う法制度整備についての要望書】

離婚について協議が調わない場合、家庭裁判所において調停離婚・審判離婚や和解離婚、裁判離婚が成立する際にも、必ず父母のいずれかを親権者と定めなければなりません。

そのため、親権者になれないと、子と会うことができなくなるのではないか、養育にかかわることができないのではないかという不安が、親権争いを熾烈にさせ、父母の葛藤に直面して辛い思いをする子も少なくありません。中には、監護実績を作るために、協議や合意のないまま父母の一方が子との同居を確保し、別居親に会わせない、

面会交流（親子交流）を著しく制限するといった事態が生じることもあります。（中略）

子どもの最善の利益のためには、高葛藤の事案を可能な限り減少させ、父母双方の養育責任の継続を明確にし、親権者を協議で定める場合も、父母が親としての責任を自覚し、子の意思や利益を優先的に考えることができる仕組みが必要不可欠です。

この要望書は、同居親が別居親に会わせなかったり、面会交流を制限したりする原因を、離婚後に「親権者になれない」という「不安」に求めている。その「不安」が解消されるのが、非合意・強制型の共同親権のメリットだという。

しかし、父母の間の良好な関係が維持されていれば、そもそも離婚に至らない。離婚は、父母の関係を破壊する「何か」があるからこそ生じるのであり、親権・監護権の争いはその結果にすぎない。この要望書に署名した法律家は、誰でも少し考えればわかることも、考えなかったようだ（もっと言えば、面会交流制度があるにもかかわらず、親権がないと別居親が子に会えなくなるかのような不安を煽っているのは、他ならぬ推進派だ）。

また、危険の除去方法も、具体性に欠ける。法制審議会に示されたたたき台は、父母の間で意見が合わなかった場合には、裁判所が決めればよいとする。しかし、裁判所が、「医療を受けるか」「どの高校に進学するか」を決めるまでに、どれだけ時間がかかるのだろうか。裁判所のリソースは潤沢とは言い難く、相当な時間がかかると思われる。また、裁判所は、何を基準に、どんな風に決めるのだろうか。さらに、最後は裁判所が決めるとしても、加害的な親が共同親権を持てば、重要事項の決定の度に被害者と加害者がコンタクトしなければならず、被害者を著しく苦しめることに変わりはない。

非合意・強制型の共同親権は、このような驚くほど「軽い」根拠で推進されている。

7　シングルへの不信？

なぜ、これほど軽い発言が出てくるのか。この軽さには、現行法下での親権者や監護権者に対する強い不信を見て取れる。

「こどもには関わりたくない」親にも共同親権を与えることが子の利益になる、という発言は、現在の親権者・監護権者の決定は、無関心親の関与によって改善できるほどに子に不利益な内容になっているということを前提としているはずだ。要望書の表現は、さらに露骨だ。同居親の中には、子の利益ではなく自分の利益を優先させ、「監護実績を作るため」に「別居親に会わせない、面会交流（親子交流）を著しく制限する」者がいるという。

離婚後の共同親権とは、別居親に子の重要事項決定に関する拒否権を与え、同居親のみでの決定をできなくする制度だ。その推進論は「同居親が、自分のわがままのために、子の利益にならない決定を積み重ねている（から別居親の同意なしに医療や教育の決定をできないようにすべき）」との認識なしには成立し得ない。法制審委員の主張や要望書の内容は、ある意味で「自然な」発言だといえる。

しかし、「本当にそんなことが起きているのか？」と問うべきだろう。親権者・監護権者たる親は、子の幸せを願っているはずだ。だからこそ親権・監護権の担い手となっている。

子と別居親とのコンタクトや、別居親の意見の参照が子の幸せにつながるなら、それを実現しようと努力するはずだ。親権者・監護権者が別居親とのコンタクトを避けたいと考えるのであれば、それは「子の幸福のため」という理由があるはずではないか。改正前民法の親権者・監護権者の判断が、子の幸福を害していると決めつける前に、その判断に至る事情を丁寧に考えるべきだろう。

もう少し言うと、「同居親が、自分のわがままのために、子の利益にならない決定を積み重ねている」という発想そのものが、シングルで子を育てる親を誤ったステレオタイプで見る行為であり、シングルファザー／マザーへの差別に基づいている。

別居親とのコンタクトを避ける同居親には、どのような事情があるのか。婚姻中にどんなことがあったのか。そこに目を向けて、本当に子の利益にならない同居親の決定が横行しているのかを見極めなければならない。もしも、子どもの利益に反する決定が本当になされているなら、そのケースにおいて、親権者を変更するなり、面会交流命令を出せばいい。

非合意・強制型の共同親権の導入論議は、親権の問題を考える上で必須の作業を欠いている。

おわりに

映画『否定と肯定』（２０１６年）のもとになった裁判、Irving v Penguin Books Limited, Deborah E. Lipstadt, [2000] EWHC QB 115（11th April, 2000）では、イギリス人歴史作家デイヴィッド・アーヴィング氏の作品の差別性が問題となった。この裁判は、ユダヤ人歴史学者デボラ・E・リップシュタット氏が自著の中で「アーヴィングはホロコースト否認論の最も危険なスポークスマンの一人」としたことに対し、アーヴィング氏がリップシュタット氏と出版社を訴えたものだ。

判決は、アーヴィング氏の著書には誤りが多くあるが、その誤りの傾向から差別性を認定している。判決を下したグレイ裁判官は言う。

【Irving v Penguin Books Limited, Deborah E. Lipstadt, [2000] EWHC QB 115（11th April, 2000）, Paragraph13.142】

私の見解では、すべてのアーヴィングの歴史学的な「誤り」は、それらのすべてが、ヒトラーを免責し、アーヴィングのナチ指導者への同調を反映する傾向を反映しているという意味で、一つの方向に収束している、というエヴァンス氏（証人となった歴史学者）の表明した意見には説得力がある。

人はしばしば誤りを犯す。ただ、その背景に差別がないなら、「誤り」はヒトラーを免責したり、批難したりとランダムになるはずだ。「誤り」が常に同じ方向を向くのだとすれば、背景には差別がある。

親権と憲法の関係を考える際にも同じことがいえる。親の権利と平等だけを考え、子の権利を考慮しない。話し合いができない関係の父母に親権の共同行使を命じたときに、子に何が起きるかを具体的に想像しない。様々な類型を一括りに「離婚後」と呼び、場合分けをしない。一方の親がもう一方の親を拒絶するときに、その原因を「わがまま」に求める。同居親が子の利益にならない決定を積み重ねていると認識する。離別・別居に至るプロセスで、父母の間に何があったかを考えようとしない。

これらはいずれも「誤り」だろう。非合意・強制型の共同親権の導入論議を見ていて、最初は、これらの「誤り」はそれぞれ独立した勘違いや検討不足に見えていた。しかし、これらの誤りはいずれも、「同居親が子の利益よりも自分の利益を優先している」というステレオタイプに収束する。非合意・強制型の共同親権の導入論議の背景には、深刻なシングルペアレントへの差別が横たわっているのではないか。

だとすれば、事態は深刻だ。差別は人の判断を歪めていく。現に、子にとって重大な危険を生じさせかねない立法が行われようとしている。弁護士や法制審議会の委員の中にも、自分たちの同居親に対する眼差しの異様さに自覚がない人たちがいる。憲法上の権利すら、差別感情を満たす道具にされている。

こうした状況を打開するには、何が必要か。同居親への差別を排し、必死に子育てをしている親たちの意見をきちんと聴くことから出発するしかない、と私は考える。

第6章　「氏の意義」を決めるもの——夫婦別姓問題

はじめに

あなたには、婚姻を考えている相手がいる。ただ、「もともとの自分の氏《うじ》に愛着がある」、あるいは「変えると仕事に支障がある」「クレジットカード等の登録名義の変更が面倒」といった事情で、氏を変えたくない。相手も、同じ気持ちだ。しかし、婚姻するには、夫婦の氏を夫・妻のいずれかの氏から選ばないと婚姻届を出せない。仕方がないので、相手の氏を選んだ。なんだか、モヤモヤする。

新婚旅行で海外へ行くことになった。婚姻届を出す前にホテルや航空券は予約してあったが、パスポートの有効期限が間近だったので更新した。婚姻届を出したから、パスポートの氏が変わったが、航空チケットやホテルには旧姓が表記されている。どうしよう。航空チケットは取り直すしかないか。

パスポートに括弧書きで旧姓を併記できるというが、ホテルでわかってもらえるだろうか。入国審査のときに、苦手な外国語でいろいろ説明しないといけないのではないか。

国会議員の中には「これで十分」と言う人もいるが、実際にトラブルが起きたとき、彼らが駆け付けて解決してくれるはずもない。望んで変えた氏なら、そうした面倒も旅の思い出話の一つとなるのかもしれないが、そうでないなら、一つ一つの煩わしさが屈辱の記憶となり、いつまでたってもそのモヤモヤが襲ってくる。

では、裁判に訴えてみてはどうか。裁判官は、こう問うてくる。「つまり、入国審査で10分、ホテルのチェックイン時に5分、余計な時間がかかったのが、あなたの損害なのですね？」

「そういうことではない！　なぜ、このモヤモヤが伝わらないのか」と、さらなるモヤモヤを膨らませているうちに裁判は終わる。判決には、「原告の受けた不利益は些細なもので、法律を違憲と評価できるほど大きなものではない」と書かれる。

これでいいのだろうか。こうならないように、何が問題なのかを丁寧に言葉にする必要がある。憲法が保障する権利の観点から、選択的夫婦別姓問題を考えてみたい。

1　現在の制度はそもそも夫婦別姓なのか？

(1) 氏の沿革

まずは、制度の沿革を確認しよう。

庶民が氏を使い始めた明治初期は、一律に夫婦別姓だった（明治9年太政官指令）。これは、男女平等の理念に基づくものではない。妻を「夫の家の完全なメンバー」とは認めていなかったことによる。

1898（明治31）年に制定された明治民法の親族法は、「家制度」を採用した。家制度とは、戸主を中心に、その兄弟姉妹や子どもらを権利義務で連結する制度だ。戸主は、家の財産（家産）を独占する。

その一方で、家産の利用を前提に、家族を扶養する義務を負った。婚姻は、「妻が夫の家に入る制度（例外的に婿入り婚もある）」とされた。婚姻は、夫婦だけの問題ではなく、家のメンバーの変更を意味するため、その成立には、当事者の合意だけでなく、戸主や親の同意が必要とされた。

家制度の下では、夫婦は同姓とされたが、そこで言う氏は「夫婦の氏」ではなく、夫の属する「家の氏」、あるいは「戸主の氏」だった。この制度は、妻を「夫の家の正式なメンバー」と認める点では、女性差別解消の意味合いを持っていた。

もっとも、家制度は戸主がメンバーの生活を支配し、個人を抑圧するとともに、女性差別に基づく制度もたくさんあった。これを是正するため、１９４７年施行の日本国憲法は、婚姻など家族に関する法律について、当事者の合意を尊重し、個人の尊厳と男女の本質的平等に立脚することを求めた（憲法24条）。

これを受け、１９４８年に民法の親族編も大改正された。家制度は廃止され、家の氏もなくなった。氏に何らかの法的効果を結び付けることも、徹底的に避けられた。

(2) 現行の制度

現行民法では、婚姻は、①両当事者の「婚姻の効果を得たい」という意思の合致（婚姻意思）と、②それを示す届出（婚姻届）によって成立する（民法７３９条）。戸籍法74条１

号によれば、「夫婦が称する氏」を書かないと婚姻届は受理されない。その結果、同姓になる合意（以下、同姓合意）をしなければ婚姻できない。

こう書くと現行法は一律夫婦同姓制に見える。しかし、民法750条は「夫婦は、婚姻の際に定めるところに従い、夫又は妻の氏を称する」（傍点筆者）と定めており、「婚姻当初」から同姓にしろとは言っていないようにも思われる。夫婦同姓は、婚姻成立に不可欠の要素ではないのだろうか？

この点、著名な民法学者の我妻榮教授によれば、同姓合意がなくても、その他の婚姻効果を得る意思があれば、①の婚姻意思は認められる（我妻榮『親族法』有斐閣、1961年、78頁）。このため現行法でも、同姓合意がないまま婚姻届が受理されたり、外国で婚姻届を出されたりすると、日本人同士の別姓婚が成立する（村上愛「渉外判例研究　外国の方式により別氏婚をした日本人同士の婚姻の成否と戸籍による公証」『ジュリスト』1588号の解説参照）。そう判断した裁判例（東京地判令和3年4月21日判例時報2521号87頁）まである。この場合に、戸籍がどうなるのか気になるところだ。実務的には、同姓でないと同じ戸籍に入れないが（戸籍法6条）、戸籍の身分事項欄に婚姻の旨を書ける、ということらしい。

そうすると、民法の条文も戸籍実務も、夫婦が同姓になるタイミングを「婚姻当初〜途中〜最後まで別姓」の中から選ぶことを認めている、ということになる。同姓を強いているのは、戸籍法74条1号だけだ。この条文こそが、婚姻当初からの同姓合意をした夫婦とそれ以外の夫婦を区別し、前者しか婚姻届を認めない酷い不平等を定め、平等権（憲法14条1項）を侵害している。

テクニカルには、以上の議論ですべての問題構造は解明できた。ただ、そう言われても、夫婦別姓を望む人は「ああこれですっきりしました。あとは、法改正を待つだけですね」とはならないだろう。

彼らは莫大な時間とお金をかけ、一部の人からの誹謗中傷に耐えてまで、訴訟を続けている。その原動力には、自らの幸福を決定的に阻害する「傷つき」があるはずだ。それを、しっかりと言語化しておく必要がある。

この点について考える前に、夫婦別姓を否定する人の主張を確認しておこう。

2　通称使用は勘定に入れません

(1) ニーズを否定する論法

夫婦別姓の議論をすると、「通称で十分だ」式の議論が必ず出てくる。その理由を考える上で参考になるのが、鈴木彩加・筑波大学准教授の「選択的夫婦別姓反対論にみる性差別／ミソジニー――制度導入〝不要〟論に着目して」（牟田和恵編『フェミニズム・ジェンダー研究の挑戦：オルタナティブな社会の構想』松香堂書店、２０２２年、14～27頁、https://doi.org/10.18910/88595）という論文だ。これは、朝日新聞社が公開した「夫婦別姓ウェブアンケート」の別姓婚否定論を分析し、その論理を検証したものだ。

鈴木准教授によれば、別姓否定派の自由記述欄には「必要」というワードが頻出し、現行制度の良さではなく、別姓の「不要」さを強くアピールする傾向がある。問題の制度が「選択的」であるため、それを認めたときに傷つけられる理想や利益を指摘することが極めて難しいからだ。そこで、選択的夫婦別姓を求める声を「『わざわざ』法律を変えてまで聴く『必要のない』ニーズ」と格下げする。

ニーズ否定論法の支えこそが、通称使用だ。最高裁判決ですら、通称使用を請求棄却の論拠にしている。

(2) 通称使用を勘定してはいけない理由

しかし、「通称で十分だ」式の議論は、次の五点を理由に排斥されるべきだ。

第一に、民法750条は、(夫婦で一度決めて以降は) 同姓を「称する」と定める。この条文を素直に読む限り、職場・学校・行政手続き等で旧姓を「称する」のは、脱法行為であり、違法の可能性すらある。

稲田朋美衆議院議員は、通称使用拡大の試みについて、「法治国家としていかがなものか」と苦言を呈している (2021年4月16日衆院法務委員会)。この苦言はもっともで、条文からすれば「十分なくらい通称使用できる」状態こそがおかしい。

第二に、仮に民法750条を無視したとしても、法律は、通称使用の「権利」を一切保障していない。現状は通称使用を認めている企業や学校、行政機関であっても、いつでもそれを中止できる。職場や学校で通称使用が拒否されても、当事者は法的には何ら請求権を持たない。また、そんなもので「十分」なわけがない。

第三に、通称使用は、立法者が怠けるから、仕方なく提供されているサービスだ。企業や学校は、通称使用者の要望に応えるため、個々の判断と責任で環境を整えている。「通称使用で十分だ」という議論は、「子ども食堂があれば社会保障制度は必要ない」と言っているのと変わらない。国は別姓訴訟において堂々と通称使用を持ち出すが、自分たちの任務懈怠《けたい》について自責の念を覚えるべきところだろう。

第四に、別姓婚と通称使用とは、ニーズが異なる。高市早苗衆議院議員は、「『やはり家に帰れば、夫や子どもと同じ姓がよい。仕事場でだけ旧姓で通れればよい』と考える方」もいると指摘し、選択的夫婦別姓が導入されても、通称使用は必要だと主張する。

確かに、別姓導入時の通称使用ニーズは盲点になりがちで、重要な指摘だ。ただし、高市議員は、「世の中に『同姓夫婦』『別姓夫婦』『通称使用夫婦』の3種類が出現することになり、余計に煩雑になる」ので選択的夫婦別姓には反対だと言う（以上の主張は、高市氏のホームページの２００４年のコラム https://www.sanae.gr.jp/column_detail337.html 参照）。

多くの人が幸せになれるなら、別姓婚も通称使用もできるようにするのが衆議院議員の任務だと思うのだが、それを「余計に煩雑」とはいかがなものか。高市議員の結論はともかくとして、別姓婚と通称使用は異なるニーズであり、どちらかが実現したとしても、もう一方のニーズに別途応える必要があることを認識せねばならない。

第五に、通称が十分かどうかは、原理的に本人にしか判断できず、裁判所・国や本人以外の者が「通称で十分だ」と主張すること自体が間違っている。例えば、最近、特に指摘されるのは、パスポートでは通称併記しか選択できないため、ホテル予約やクレジットカード利用に混乱が生じ得るというものだ。「自分は外国でも大丈夫だった」などの指摘が入ることも多いが、それは「その人のケースではそうだった」というだけで、常に成り立つ話ではない。当人にしか判断できないはずのことを、勝手に「十分」と判断して否定する態度は、あまりにも相手を軽んじている。

最後に、「現状十分ということではなく、通称立法をするのだ」という議論もあるが、そういう議論は、立法してからにしてほしい。それに立法したとしても、「夫婦の氏」に劣後する第二の氏を設けた程度では、「主たる氏」での活動や署名を求められたときに拒否できないだろう。それが外国や実際の現場でどこまで使えるのかもまったく不可知で、原理的に「十分」と言えるようなものではない。

ということで、「通称で十分だ」という議論は勘定に入れずに進めたい。

3 選択的夫婦別姓問題で誰が差別されているのか?

(1) 女性差別という指摘

選択的夫婦別姓が導入されない背景には、差別があると指摘されることが多い。では、どのような差別があり、それをどう憲法論として訴えるべきなのだろうか。夫婦別姓訴訟の経緯を追いながら、当事者の声を聴き、現場で何が起きているかを見てみよう。

近年、メディアでは「選択的」が強調され、氏を変えられない不便に困っている男性の声が頻繁に紹介される。しかし、先ほど紹介した鈴木准教授は、別姓へのニーズを持つ者の圧倒的多数は女性だとして、「選択的」を強調するあまり女性差別が隠蔽されてはいけない、と指摘する(鈴木・前掲論文、『フェミニズム・ジェンダー研究の挑戦』、24頁)。

２０１１年、夫婦別姓を求めて訴訟を提起した第一次別姓訴訟の原告たちは、女性差別で平等権侵害だと主張した。憲法14条１項・憲法24条の求める男女平等は、単に法律の文言が平等ならよいというものでない。権利・利益・義務・負担などが実質的に平等になることを求めているはずだ。現在の夫婦同姓制も平等権侵害と捉えるべきだ。

夫婦別姓訴訟弁護団の寺原真希子弁護士は、夫婦同姓制が置かれる文脈が大事だと指摘する。有史以来、日本の家族法が男女平等で、氏に関する意識、婚姻する男女の経済力や社会的権力などなどの諸条件が完全に平等なら、夫婦同姓制は女性差別ではないかもしれない。しかし、「戦前において多くの女性差別が行われてきた歴史」があり、「結婚した夫婦の約95％が夫の氏を名乗っていること」で、望まない改姓の不利益は「女性に偏って」いる。このことは、「夫婦は夫の姓を名乗るもの」「女性は男性に従属する存在」という差別意識を助長、再生産している（寺原真希子・三浦徹也『選択的夫婦別姓：これからの結婚のために考える、名前の問題』岩波ブックレットNo.１０９３、２０２４年、39～40頁、寺原執筆）。

しかし、２０１５年の最高裁判決（最大判平成27年12月16日民集69巻８号２５８６頁）は、この主張を棄却した。裁判所の従来からの憲法解釈（後述）では、法律自体が「区別」していなければ、平等権侵害にならない。法律上は夫が氏を変えてもよいわけだから、法律上の男女の区別はなく平等権侵害ではない、と判断した。

(2) 同姓希望カップルと別姓希望カップルの区別

第一次訴訟の後、私は、いくつかの媒体で、「同姓合意をした夫婦は婚姻でき、合意しない夫婦は婚姻できない」という「形式的な区別」の不平等を訴えるべきではないか、と提案した。同姓合意の有無による区別を問題とすれば、少なくとも「区別がない」という逃げ方はできない。

弁護団は「原告のためになるなら」と、二度目の訴訟に取り入れてくれた。2018年に提起された別姓訴訟（第二次夫婦別姓訴訟）で、弁護団は、夫婦一律同姓制は、同姓希望／別姓希望の信条により婚姻できるかどうかを区別するもので、別姓希望の信条を持つ人への差別だと主張した。

この主張には、ポイントが二つある。まず、憲法14条1項のデフォルトは、「すべての人の平等」だ。そうだとすれば、婚姻効果についても、「同姓合意をした人」と「同姓合意をしない人」とを平等に扱うのが憲法上のデフォルトとなる。

次に、裁判所は第一次訴訟で、「同姓になりたい人が同姓になれるメリット（同姓に意味を見出す人同士の家族の一体感が増すなど）」については語ったが、「別姓希望カップルを婚姻させせないメリット」についてはまったく語ってない。語れないからだ。ここを突けば、国は困るはずだ。

しかし、２０１９年の東京高等裁判所（以下、高裁）の決定（東京高決令和元年11月25日LEX/DB25591728）は、この主張を「婚姻後に夫婦が称する同一の氏の届出を行うことがその意に沿わないために、法律上の婚姻をしないことを選択する事態」は「本件規定自体において憲法14条1項が禁止する信条に基づく差別的取扱いを定めているものということはできない」として却下。２０２１年の最高裁決定（最大決令和3年6月23日集民２６６号1頁）は、これを支持した。

東京高裁の理屈は意味不明だが、極力善解すれば「同姓希望カップルも別姓希望カップルも同姓婚ができる点で区別なく、平等に扱われている」と言いたいのだろう。

しかし、原告は、「信条によって『同姓婚』ができる、できないの区別が生じている」

と言っているのではない。「同姓になる合意をしたかどうかで、『婚姻』あるいは『(同姓以外の)婚姻の効果を享受すること』ができる、できないについて区別しないでほしい」と言っているのだ。

裁判所は、原告の主張を曲げすぎで、不誠実極まりない。裁判をやり直し、別姓希望カップルを不平等に扱うことに、何か合理的な理由があり得るのか、考え直すべきだろう。

私の率直な感想として、第一次訴訟の判決は、従来の判例を前提にした形式論理なので、原告に「好意的でない」くらいの印象だった。これに対して、第二次訴訟の判決は、原告の主張をあえて歪めて否定するもので、悪意すら感じた。こうなると、第一次訴訟の判決の背後にも悪意があったと考えるのが自然だろう。

(3) ゼミ生たちの発見

では、裁判所のこうした悪意をどう捉えるべきか。そんな疑問を抱えていたとき、大学のゼミで、ある班が夫婦別姓訴訟を研究した。私のゼミでは、1年をかけて一つの判例を読んで議論し、最後に論文を書いて発表してもらう。その班のメンバーと議論する中で、

「戦後、民法は女性差別に関して改正されてきたのか」が話題になった。

振り返ってみると、確かに、国会は、民法改正において、女性のニーズ一般を無視してきたわけではない。1980年の民法改正は、配偶者の法定相続分（子どもと相続する場合）を3分の1から2分の1に引き上げた。日本の夫婦は、妻の方が若いことが多く、女性の平均寿命も長いので、この改正は実質的には妻の財産権を強化するものだ。

また、2018年には、配偶者居住権の制度が制定された。夫婦が住む家の名義は夫のことが多く、夫が亡くなると、家は妻と子どもの共有になったり、子ども所有になったりする。妻が住み慣れた家を追い出されるのは酷だということで、残された配偶者が無償で居住し続けられる権利が規定された。この配偶者居住権は形式的には男女平等で夫にもあるが、多くの場合、自分名義で財産を作りにくい妻を保護する機能がある。

では、民法では誰のニーズが否定されてきたのか。配偶者の相続分や居住権は、自分名義の財産を形成しにくい専業主婦のニーズであるのに対し、選択的夫婦別姓は、特に働く女性から強く求められてきた。第一次夫婦別姓訴訟で、民法750条を違憲とした裁判官の反対意見も、女性の社会進出の拡大を強調している。

つまり、立法府は「女性は家庭に入るべき」というステレオタイプを前提に、「家庭に入る女性」を保護する一方、「社会に出る女性」を差別してきたのではないか。あるいは、氏を変えたくない女性は、社会で積極的に活動する女性に限らないことからすると、「同姓を受け入れたくない信条を持つ女性」が差別されているとも考えられる。

(4)「性別+信条」の複合差別

差別は、マイノリティ全体を対象にする場合もあれば、マイノリティの中のマイノリティだけを対象にすることもある。後者は被差別属性が複合するという意味で、複合差別と呼ばれる。ゼミ生たちの主張を踏まえると、夫婦別姓問題は、「性別+信条」の複合差別の問題と理解できるのではないか。そうだとすれば、第一次訴訟(男女不平等)と第二次訴訟(信条差別)の問題意識も合体できる。では、これを憲法上の主張とするには、どのように構成すべきか。憲法14条を適切に使いこなす必要がある。

条文を素直に読めば、憲法14条1項は、①「法の下」の「平等」への権利(前段)と、②「差別されない」権利(後段)を保障する。しかし、日本の最高裁は、①平等権と②差別されない権利を区別せず、法令が「区別」を設けている場合で、かつ、「区別」が不合理な場合のみ憲法14条1項違反となると理解してきた。

しかし、差別が「区別」を伴うとは限らない。例えば、差別心を持つ警察官が差別主義者によるリンチを放置する、法的権利・利益の区別はしないがヘイトスピーチをする、女性を排除するためあえて女性に不利な試験科目を一律に設定するといった差別もある。そこで私は、①平等権を不合理な「区別」をされない権利、②差別されない権利を差別的意図や差別助長効果を伴う行為をされない権利、と分けて解釈すべきだと提案している。

区別を伴わない差別に、「合理的なコストで調整できるのに、ニーズに対応しない」という類型がある。これまで、障害者差別の分野でしばしば問題になってきた類型だ。

例えば、「誰でも使える階段」が設置されれば、形式的には平等だが、車いすユーザーは使えない。スロープ設置が不可能な地形等もあるかもしれないが、合理的なコストで対応できる場合、スロープを設置しないことは「合理的配慮の否定」という差別の一種となる。

夫婦同姓制の維持も、合理的配慮の否定の典型だろう。「選択的」だから、同姓希望カップルには何の影響もない。また、「子どもが可哀そう」と言われることもあるが、別姓希望カップルは、現在は事実婚、つまり親子別姓で暮らしている。別姓を導入したところで、事実婚が法律婚になるだけで、子どもの氏に影響はない。

要するに、選択的夫婦別姓導入による市民へのコストはゼロだ。役所からすれば、制度変更への対応はそれなりの手間かもしれないが、いったん整えればどうということもない。ということで、ステレオタイプに当てはまらない女性への差別、特定の信条を持った女性への差別として、差別されない権利（憲法14条1項後段）の侵害と捉えるべきだろう。

4 何が氏の意義を決めるのか？

(1) 原告らの氏に家族の呼称の意義はない

このように、戸籍法74条1号が違憲、立法者に差別的意図がある、という二つの理由で現行法は違憲と評価すべきだ。

しかし、まだ何かがモヤモヤする。原告たちが大きな負担を抱えながら訴えていることと、法的な議論の帰結との間に、ギャップがあるのだ。ここで、改めて、法的な主張になる以前の、原告たちの主張を聞いてみよう。

原告たちは、氏が変わると、自分が失われた感覚があると口を揃える。2024年に提訴された第三次訴訟で原告らは、夫婦同姓制が、アイデンティティを維持する権利を侵害していると主張した（訴状などの資料は「別姓訴訟を支える会」のホームページhttps://bessei.net/で確認できる）。

ただ、夫婦で同姓になってもアイデンティティが傷つかない人もいる。氏を変えてもよい人と、原告たちとでは何が違うのだろうか。

原告たちも婚姻を望んでいるわけだから、配偶者と新しい家族をつくることでアイデンティティが揺らぐと主張しているわけではない。違いは、氏の意義の認識にある。同姓を積極的に選ぶカップルは、「自分たちの氏」は「家族（夫婦とその間の子）の呼称」だと認識している。この場合、もしも同姓を名乗れなければ、「家族の一員」というアイデンティティを表現できなくて苦痛になるだろう。同姓を消極的に選ぶカップルは、「氏なんてどうでもいい」と認識し、特に意識することなく、戸籍法の要求するままに同姓の婚姻届を出す。

これに対し、第三次訴訟の原告たちは、他の人が氏を「家族の呼称」と感じることは否定しないものの、「自分たちの氏」に「家族の呼称」という意義があるとは認識していない。氏はあくまで「個人の呼称」だから、夫婦としてのアイデンティティを得ても、氏では表現しない。

(2) 原告らの氏の意義は法律が決める!?

第一次訴訟でも、氏とアイデンティティの関係は問題となった。2015年の最高裁(最大判平成27年12月16日民集69巻8号2586頁)は、どう判断したのか。

【第一次夫婦別姓訴訟の判断】

氏は、婚姻及び家族に関する法制度の一部として法律がその具体的な内容を規律しているものであるから、氏に関する上記人格権の内容も、憲法上一義的に捉えられるべきものではなく、憲法の趣旨を踏まえつつ定められる法制度をまって初めて具体的に捉えられるものである。(中略)

これらの規定（民法の親族関係の規定）は、氏の性質に関し、氏に、名と同様に個人の呼称としての意義があるものの、名とは切り離された存在として、夫婦及びその間の未婚の子や養親子が同一の氏を称するとすることにより、社会の構成要素である家族の呼称としての意義があるとの理解を示しているものといえる。（中略）

氏は、家族の呼称としての意義があるところ、現行の民法の下においても、家族は社会の自然かつ基礎的な集団単位と捉えられ、その呼称を一つに定めることには合理性が認められる。

つまり、氏の意義を決めるのは、個人でも憲法でもなく法律だ。法律は、氏を家族の呼称と規定した。だから、夫婦同姓には合理性がある、という。

裁判所によれば、原告たちが、氏に家族の呼称として意義がないと認識しているのは、「誤解」にすぎない。その誤解を基にアイデンティティが傷つく人がいたとしても、夫婦同姓制の合理性が崩れることはない、という理屈だ。

(3) 氏の現在

しかし、先述したように現在の民法が作られる中で、氏と他の法的効果を結び付けることは徹底的に避けられた。我妻榮教授は、「新法は、家の制度を廃止したから、氏は個人の呼称となったといわねばならない」と断言し、夫婦は同じ氏を名乗っているのではなく、「個人の呼称」を「同じくする」のみだとしている(我妻前掲書、77頁)。現行法では、氏は個人の呼称であり、それに家族の呼称としての意味を見出すかどうかは、人それぞれなはずだ。

そうなると、最高裁の「家族の呼称」だという説明自体に疑問が残る。また、仮に法律が氏を家族の呼称として認識するよう求めているのだとしても、それをそのまま受け入れるべきなのかは、ひっかかるものがある。もう少し考えてみよう。

もしも道路交通法を改正し、「青信号では止まってください」と定めたならば、人々は青信号で止まるようになるだろうか。もしも民法が、「親とは一番近い卑属を、子とは一番近い尊属をいう」と定めたならば、国民は親と子という言葉の意味を入れ替えて理解するようになるだろうか。そうは思えない。そんな法改正をすれば大混乱になるだけだろう。

記号には、それが使われてきた歴史があり、社会の実践がある。現在の道路交通法や民法が機能するのは、記号の歴史と実践に沿った内容だからであって、「法律に書けばみんなが従う」というほど、単純なものではない。

では、氏がどんな記号として使われているのかと考えてみると、家族の呼称として使わないことの方が一般的だ。例えば、新聞で「石破（茂）首相」や「今崎（幸彦）最高裁長官」と言うときに、両名が石破夫妻や今崎家の一員であることを意味するニュアンスはない。日常生活で「木村さん」とか「山田さん」といった風に氏で呼びあうときに、木村家や山田夫妻を表現したいと思っている人は稀だろう。家族を意識させないときだけ特別に名で呼ぶという使い分けも一般的とはいえない。

もちろん、家族の呼称として氏が用いられる場合もあれば、氏と家族や先祖を結び付ける意識で生きてきた人もいるだろう。結局、自分の氏に「家族の呼称」としての意義があると認識するか否かは、その人次第だ。だから、夫婦同姓は、一部の人には当たり前のものと受け入れられ、一方で、それではアイデンティティが失われるという人もいる。

(4)どうすればいいのか?

ここで言いたいのは、「氏の意義を選ぶのは、個人の自由——例えば思想・良心の自由(憲法19条)——だ」ということではない。自分の氏が何を表象するかは、法律や自分の意思で決められるものではない。別姓婚を求める人たちには、それぞれに何らかの事情があって、氏に特別な意義を見出し、その変更に深く傷ついてしまうという現実がある。自分にとっての氏の意義を、「法律がそう定義した」という理由で変えることは不可能だ。

この点、「自分の稼いだお金をとられると、アイデンティティが失われる」という感覚を持ち、納税によりアイデンティティが傷つく人に対して、国家は納税を強制してもよいとされる。それは、担税力に則った課税ができなければ、国家が成り立たないからだ。

これに対して、氏は法的には特別な意義を持たない。このため、「氏の意義は、○○と理解せよ」と国家が人々に強制する基礎に欠ける。

氏の意義をどのように理解するかは、個々の認識に委ねるしかない。それにもかかわらず、別姓婚を求める夫婦を婚姻から排除するのは、夫婦関係と氏が結び付かない人のアイデンティティを否定する行為だ。

自分のアイデンティティの表象を奪われない権利は、（絶対的に保障されるかどうかはともかく）憲法が保障する権利と考えるべきではないだろうか。現行制度は、この権利の侵害とも言える。

おわりに

現行法は、①同姓合意を婚姻届の要件にする理由がない、②特定の信条を持つ女性への差別だ、③夫婦関係と氏が結び付かない人のアイデンティティの侵害だ、という三点から違憲と評価される。

この状況は是正されねばならないのは明らかで、選択肢を増やすだけの改正なのだから、それによって不利益を受ける人がいるはずもない。

では、なぜ関係ない人が強く反対するのだろうか。この点について、選択的夫婦別姓反対派の人から、直接、意見をもらったことがある。その人は、「妻が氏を戻したい」と言い出すことをとても怖がっていた。

実は、反対派の有権者や国会議員は、氏について妻の意思を抑圧している自覚があるのではないか。それは表立って話せるような理由ではないので、通称で十分とか、戸籍がどうとか、日本が滅びるとか、それらしい言葉をつなぐ。しかし、それらは本音とかけ離れているから、頓珍漢な印象しか与えない。

「妻に『氏を戻したい』と言われるのが嫌だ」というのは、確かに、本人にとっては切実な思いなのだろう。しかし、現在、家庭内で妻の思いを抑圧しているのなら、それは改善すべきだろう。「夫の思い」を「妻の思い」に優先させる理屈など、女性蔑視以外に存在し得ない。反対派は、もう少し自分の家庭の問題を直視すべきだ。

一方、賛成派の議論について見ると、2024年6月に経団連が「選択肢のある社会の実現を目指して~女性活躍に対する制度の壁を乗り越える~」という提言を出したことで、ビジネスの効率やイノベーションへの貢献の観点から、夫婦別姓が議論されることも増えてきた。もちろん、ビジネスやイノベーションは大事だ。法改正を実現する近道を探すという意味では、人権問題として扱うよりも、多くの人の賛同を得やすいかもしれない。

しかし、別姓を求める人はビジネスやイノベーションの道具ではない。多くの人にとってはどっちでもよいと感じられることに、どうしようもなく傷ついてしまう人が現にいる。そうした人々への合理的配慮として、人権問題の是正として、法改正を実現すべきだ。

この視点は、夫婦別姓だけの問題ではない。同じ結論を導くにしても、そうした筋を通すことができるかどうかで、将来の法制度設計の在り方は変わってくる。人はビジネスの道具などではなく、人々が幸福になるために社会を設計するのだ。憲法の観点から考えることで、その原点を守り抜きたい。

第7章　声を上げることの意味——今日の人権の位置

はじめに——人権は無駄なコストなのか？

「人権を守ろう！」と主張すると、否定的な反応を受けることが珍しくない。いや、むしろ、それが多数派な気さえしてくる。

「ヤバい人だから、関わりたくない」という露骨な反応の他にも、「どうせ変わんないよ」「何をムキになっているの？」「そんなんじゃ損するよ」「他に、自分のやりたいことを探したら？」といった囁《ささや》きもよく耳にする。日々、こうした空気に接していれば、人権問題について声を上げることを躊躇《ちゅうちょ》するようになるだろう。

確かに、他者の人権に配慮するのは面倒で、相応の忍耐も必要だ。他者を尊重しようとするなら、相手の話にしっかり耳を傾けねばならない。相手の人権が害されるのなら、たとえ自分の意見や宗教から反発を感じたとしても、ぐっと抑えないといけない。

しかし、人権は、私たちの国家や制度をより良いものにするきっかけとなる。人権のために、他者に対して要求される面倒さや忍耐は、私たちみんなが尊重されながら生きる社会を実現するために、不可欠な手間・我慢だ。

人権は「無駄」なコストではない。「人権を守ろう！」という声を上げにくくする扱いや囁きは、私たちの国家や制度を確実に蝕《むしば》み、個人の幸福を崩すだろう。本章では、このことを論じてみよう。

1　天賦人権論の衰退と再生

人権論の教科書を見ると、まず、天賦《てんぷ》人権論の衰退と再生の歴史が書かれている（初宿《しやけ》正典《まさのり》『憲法2基本権〔第3版〕』成文堂、2010年、第一編に詳しい）。

18世紀末、フランス人権宣言やアメリカ諸州の憲法典ができた時代は、「人権は国家を作る以前から天から与えられたもので、国家だろうが誰であろうが、それを奪ってはならない」という考え方が力を持った。

19世紀に入ると、「天賦人権という立派な理念を掲げたところで、社会はちっとも動かないではないか」という空気が強まる。

憲法が保障する権利についても、「天から与えられた権利があって、それが書き込まれる」と考えるのではなく、「憲法に書き込まれて初めて成立する権利だ」という「実証主義的」な理解が強まった。18世紀末の人権宣言と19世紀の憲法とを読み比べると、後者は非常に実利的で、淡々とした印象を受ける。こうした傾向は、20世紀半ばまで続いた。

しかし、二度の世界大戦を経たことで、「国家は天から与えられた人権を奪う存在であり、国家以前に与えられた人権が大切だ」という天賦人権論が再生する。１９４８年の世界人権宣言や、１９４６年制定の日本国憲法、１９４９年制定のドイツのボン基本法などは、天賦人権論のトーンが色濃い。

現在は、天賦人権論が再び後退する時期に入ったようにも見える。例えば、インタビュー記事などで、「人権の話をすると、何となく煙たがられる」という話題を目にすることは、少なくない。

本来は「人権」という言葉を使うべき場面で、それを避ける例もある。

内閣府は、「我が国が目指すべき未来社会」として「Society 5.0」を掲げる。これは、①狩猟社会→②農耕社会→③工業社会→④情報社会に次ぐ、⑤「サイバー空間とフィジカル空間を高度に融合させたシステムにより、経済発展と社会的課題の解決を両立する人間中心の社会」という概念である。

２０２１年3月26日に閣議決定された第6期科学技術・イノベーション基本計画では、Society 5.0 の未来社会像を「持続可能性と強靭性を備え、国民の安全と安心を確保するとともに、一人ひとりが多様な幸せ（well-being）を実現できる社会」と表現している（以上、https://www8.cao.go.jp/cstp/society5_0/）。

ここに言う「安全と安心」や「多様な幸せ（well-being）」は「生命・健康への権利」や「幸福追求権」と呼ばれる人権で、その内容にも議論の蓄積がある。国が目指す社会像を伝えようとするなら、「人権」という言葉を使ってもよい、というより使うべきはずなのに、国はあえてその言葉を避けているように見える。

2　現代的レイシズム構文——もう十分だ

「人権」という言葉は避けられている。しかし、「人権が意味を失っているのだろうか？」

と問われれば、そうでもないように思う。今日の人権否定の所作は、人権を真っ向から否定するのではなく、「人権は既に十分実現している。だから、それ以上はわがままだ！」という形をとる。

例えば、私はX（旧Twitter）上で、「映画館や音楽ホールに設置されている車いす席って、扉の傍《そば》の端っこの席で、好き好んで選ぶ席ではないと思う。非常時のことなどを考えると便利なのかもしれないけど、もう少し良い席に、設計段階から工夫できないものか、と思う」という意見を発信したことがある。これは、障がい者の「合理的配慮を求める権利」についての意見表明だ。

差別は、「差別感情に基づく攻撃や排除」という直接的な形がとられることもあるが、「合理的コストの範囲で実現可能なのに、あえて、それに取り合わない」という形をとることもある。そこで、差別されない権利には、「ヘイトスピーチによる攻撃や不合理な排除をされない権利」だけでなく、「合理的配慮を求める権利」も含まれる（杉山有沙『日本国憲法と合理的配慮法理』成文堂、２０２０年参照）。

私の意見に対しては、賛同する意見の他に、「この映画館では、真ん中に車いす席が設置されている」という指摘をいただいた。映画館では、たとえ「真ん中」でも前方はあまり好まれないので（多くの場合、座席指定は後方から埋まる）、十分に「良い席」とは思えないが、それでも「端っこ」よりはだいぶ良い。そこで、「車いす席を良い場所に確保している映画館・ホール等もあるんですね。教えてくださり、ありがとうございます。『そういう設計が可能だ』ということが、社会に広がることを期待しています」と、元のポストを引用する形でポストした。すると、攻撃的な反応が急増した。

私の意見表明に真っ向から反発するのなら、「障がい者のための席を作る必要はない」「合理的配慮を求める人権など存在しない」という反論になるはずだ。こうした反応も少なくなく、「経営の都合」を理由に合理的配慮を排除するポストが見られた。ある意味、すがすがしいまでの人権否定だ。しかし、反発した人の多くは、「真ん中」に車いす席がある一部の例を挙げて、「もう十分に配慮されている。だから、それ以上のものを求めるべきではない」という形式の論理に則っていた。「教科書通りの、現代的レイシズムだ」と、私は理解した。

差別研究の分野では、「現代的レイシズム」という概念がある（高史明《たかふみあき》『レイシズムを解剖する』勁草書房、2015年、12〜18頁)。これと対比される「古典的レイシズム」とは、特定の人種を劣った存在とみなし、公職や教育機関から排除、あるいはより酷い権利の剝奪を正当化するレイシズムだ。今日のレイシズムの特徴は、人種の間に優劣がないことを前提とし、というより前提とせざるを得ず、その上で、「もう十分に差別は解消したのに、多くを求めすぎている」「これ以上の対応を求めるのは、わがままだ」という形で、合理的配慮や積極的な差別解消措置を否定するところにある。

車いす席の意見について反発した人々が、網羅的に現状の車いす席の傾向を調べたはずもない(ちなみに私は、ポストの直前に、自分の職場近くや、行ったことのある映画館、著名な海外オーケストラを呼ぶような、日本を代表する音楽ホールの座席状況をいくつか確認した)。一部の、既に十分な対応をしていると言える例(「端っこ」ではない席)を見つけてきて、「これが全体だ」と言わんばかりの態度をぶつけてきた。

こうした言動は、一部の例を全体と言い換えるもので、合理的配慮の問題に真剣に向き合っているとは言えない。他方で、配慮された一部の例を指摘するのだから、障がい者の権利を真正面から否定しているわけでもない。その人たちは、「もう十分に対応している」

という形で、権利を否定したかったのだ。まさに現代的レイシズム構文だ。

現代的レイシズム構文は、他の場面でもしばしば目にする。例えば、従来の選択的夫婦別姓否定論は、「伝統ある日本の国の形を守るため」とか「世界に冠たる戸籍制度の維持」といったある種の理想論（「国の形」とか「世界に冠たる」の意味はよくわからない）で、「とにかく何らかの理想を崩してしまうから、一律の夫婦同氏制を維持しよう」というものだった。しかし、今日の選択的夫婦別姓否定論は、「通称使用で十分だ」とか「私は氏を変えても問題がなかった」といったように、選択的夫婦別姓へのニーズを否定する形をとる（鈴木彩加「選択的夫婦別姓反対論にみる性差別／ミソジニー――制度導入〝不要〟論に着目して」牟田和恵編『フェミニズム・ジェンダー研究の挑戦：オルタナティブな社会の構想』松香堂書店、２０２２年、14～27頁）。

同性婚問題でも、「同性婚を認めると、○○の問題が生じる」という議論は下火だ。「パートナーシップで十分」とか「同居が禁止されなければそれでいいはずだ」といった形で、婚姻制度を求める声を、矮小《わいしょう》化し、否定する。

こうした例は、挙げればキリがないだろう。

3　偽善構文と人権は役に立ちます論——役に立たなきゃいらないのか？

現代的レイシズムとは別に、人権の主張を「偽善」と印象付ける構文も流行しているように思う。

偽善構文の特徴は、単にその人を善の観点から批判すればよい場面で、あえて「この人が話していた善は偽物だった」と語るところにある。例えば、性暴力の根絶を訴える人物が、セクハラをしていたという事実が明らかになったとしよう。このとき、セクハラを批判するのではなく、「だから性暴力根絶の訴えは偽善だった」と言い出すのが、偽善構文の例だ。

善なる主張をしている人物が、何らかの問題を起こしたとしても、その主張自体が偽りだということにはならない。問題は問題として、批判すればよいだけだ。もしも、善なる主張が善に見えないなら、「それは善に非ず（非善）」と真正面から否定すればいい（偽善と善との関係については、大澤真幸『この世界の問い方』〈朝日新書、2022年、77頁〉の「偽善は大問題である。しかし、偽善には希望がある」という指摘が参考になる）。

なぜ、人権を真っ向から否定するのではなく、人権を主張する人のあら探しをして、「偽善」と印象付けようとするのか。それは、人権の理念が広まり、根付き、それを根底から覆すのが無理だからだろう。

今日の反人権の主張は、「もう十分だ」「人権の理念は善だが、人権を主張するやつは胡散臭《うさん》い」と印象付けることで、権利主張を抑制することを狙う。私が気になっているのは、この影響が、人権を主張する側にも、じわじわと広がっているように見えることだ。人権を主張するときに、人権それ自体の価値ではなく、人権が何か別のものに奉仕するという理由付けが目立つようになってきていないだろうか。

例えば、女性や性的マイノリティの問題を考えてみよう。議会の議員や企業の管理職に多様性がないことは、「性別や性的指向・性同一性によって差別されない権利」が侵害された「結果」である可能性が高い。

これを人権の議論として語るなら、「誰しも差別されない人権がある。それを実現するために、議員や管理職の多様性が必要だ」というストーリーになる。他方、「議員や管理職が多様になると、女性や性的マイノリティに配慮した立法や製品開発・営業ができるようになって、立法府としての機能が上がるし、企業利益も上がる」という議論の仕方もある。

確かに、後者も大事な視点ではある。「他者の人権を守ることが、自分にとっても利益になるかもしれない」と多くの人に感じさせた方が、人権がより社会で実現しやすくなるという面もあるだろう。しかし、そればかりになると、「女性や性的マイノリティの議員・管理職を増やすのは、人権のためではなく、立法府や企業の業績アップのため」ということになってしまう。これでは、「業績アップに役立たないなら、多様性はいらない」ということになりかねない。

4　人権は代替も相対化もできない——自分の人権を捨てる人はいない

今日の人権批判は、真っ向からの人権の否定ではなく、現代的レイシズム構文や偽善構文などを通じて、権利の「行使」や「主張」を抑制しようとする。それは、人権を主張する人にまで内面化され、人権を支えてきた基盤が揺らぎがちだ。では、この状況の中で、何が必要なのだろうか。

まず、大事なのは、「人権の主張は、他では代替できない」という点を意識することだ。人権とは、人間であれば誰もが保障されるべき権利だ。「人間であれば誰もが」なので、「特別な能力や財力のある人間」とか「国家に功績がある人間」といった限定は付かない。また、「権利」だから、その行使に必要なのは「権利を持つ人の意思」のみ。国家や親、上司や社会の承認は不要だ。

この人権の理念は、「効率性」や「業務への貢献」では代替できない。先ほど見たように、「企業の業績アップに効率的だから多様性を」という議論では、「多様性があっても、効率的でない」とか「女性管理職を増やしたら、売り上げが下がった」という統計や理論を持ち出された時点で瓦解してしまう。

人権を「ウェルビーイング」「便利」「安心・安全」などの状態を表す言葉に置き換えるのも不当だ。自分がウェルビーイング、つまり幸福であることや、生命や身体が安全であることは、人権が実現している状態と重なるところも大きい。

しかし、人権は自らの意思で行使できる。自ら幸福を求めて、主体的に行使ができる、というのが人権の強みだ。国家や社会の施しの結果として、幸せな状態を得られればよいのではない。

次に必要なのは、人権を相対化しないことだ。どんな俳優でも舞台がなければ芝居ができないのと同じで、どんなに素晴らしい国家政策やビジネスも、それが成り立つ土台があって初めて存在できる。

例えば、公害防止は、芝居ではなく、土台だ。たとえ素晴らしい政策だとしても、たとえビジネスで大きな利益が出るとしても、周囲の人の生活を破壊する汚染をばらまいたり、回復し難い健康被害をまき散らしたりするようなことはしてはいけない。「『日本の伝統』のために公害を出すことを認めよう」とか「『世論調査で賛成が多い』から公害を出していい」ということにはならない。

残念ながら、人権については、「日本の伝統」とか「世論調査」で相対化する現象がしばしば見られる。これは、人権を「私たちの社会の土台であり、何はともあれそれを確保するところから始めなければならないもの」と見ていない態度の表れだ。

もちろん、人権の名の下になされる主張が、人権の理念に反しているように見える場合もある。しかし、それを「日本の伝統」や「世論調査」を持ち出して相対化してはいけない。例えば、「『他者を差別してお金を儲ける自由』は人権だ」という主張がなされたとしよう。それをおかしいと思うなら、伝統や世論ではなく、「他者の尊厳を奪う権利は、個人の尊厳という誰もが保障されるべき人権と矛盾するから、人権とは言えない」と人権の理念に従って反論すべきだ。

「表現の自由」が「他者の名誉権」を理由に制約されたり、「営業の自由」が「パンデミック対策」を理由に制約されたりすることもある。

こうした「公共の福祉の実現を理由とした人権制約」は、「比例原則」という厳しい原則の下での審査基準——①目的が明確に画定され、②それが公共の福祉に適合していると評価でき、③手段としての関連性（目的に役立っていること）、必要性（より緩やかな方法はないこと）、相当性（権利を制約するだけの目的の重要性）がある——をクリアして、初めて正当化される。伝統や世論といった抽象的なお題目でどうこうできるものではない。

人権が相対化できない土台であることは、人権批判の声の中にも現れることがある。人権をあざ笑ったり、人権なんてナンセンスだと言ったりする人が、自分の人権を放棄することはない。あざ笑ったり、ナンセンスだと言ったりするには、「表現の自由」が必要だ。

さらには、その前提として、生きている必要もあるから「生命・健康への権利」もなくてはならない。「車いすやベビーカーの利用者が公共交通機関を利用する権利」を何やかやと言って否定しようとする人も、自分が電車やバスに乗る権利を放棄したりはしない。人を差別する人も、「自分を差別してほしい」などとは言わない。

人権は、「人間であれば誰もが保障されるべき権利」なので、それを本気で否定しようとすると、自分の権利まで放棄しなくてはならなくなってしまう。そこに目を向けることができさえすれば、人権をあざ笑う人、ナンセンスだと言う人とも、対話の可能性が開かれるかもしれない。

5　何をなすべきか？——アジェンダ設定と想像力

人権をめぐる否定的な態度を改善するにはどうしたらいいのか。その手掛かりを見つけるために、最近の人権問題が、どこでどうやって起きているかを、改めて確認しよう。

伝統的には、人権問題は、国家が人権侵害を「する」ことによって起きていた。例えば、政府を批判する集会やデモに行った人を警察が逮捕「する」場面や、少数派の宗教を信じる人を領主が弾圧「する」場面などは、ザ・人権侵害だ。今日でも、そういうことが起きる国はある。例えば、現在のロシアでウクライナ反戦デモに参加するのは命がけだ。

しかし、人権保障の高まりによって、国家による刑罰や弾圧に怯《おび》えなくて済む状況になった国家もある（反動的に弾圧が復活する可能性はあるから、過去に戻らないようにする努力は、まだまだ必要だ）。こうした国家では、国家以外の誰かが何かを「する」場面と、国家が何かを「しない」場面にも、目が行くようになってきている。

国家による自由の侵害や差別を人権宣言や憲法で封じたとしても、その力は、民衆がヘイトスピーチを「する」場面、企業が雇用差別を「する」場面には及ばない。情報技術の革新によって、私企業たるMeta（旧Facebook）社やX（旧Twitter）社が、新たな権力者として影響力を持つようになった。

こうした企業がその気になれば、個人の人生に破滅的な影響を及ぼせるだろう。国家が個人の人権を保護しようと「しない」ままでは、重大な人権侵害が放置される。例えば、国家が、雇用機会均等法などの差別禁止法や名誉毀損法制を作らずに放置すれば、人々は平穏に生活できなくなる。

あるいは、国家が個人の人権のための制度を「作らない」ことも、しばしば問題になっている。選択的夫婦別姓を立法「しない」ことで、別姓希望カップルは法的な婚姻ができない。様々な圧力の結果、氏変更を強いられた女性もいる。同性婚制度を「作らない」、学問の自由に配慮した大学制度を「作らない」、適切な統計に基づき適切な生活保護基準を「設定しない」など、国家が「しない」ことによる人権侵害の例は挙げればキリがない。

こうした状況を打開するには、何が必要か。

まず、民主主義の下で、国家が何かを「する」ためには、市民の理解と支持が必要だ。市民同士が、人権の価値に基づいたコミュニケーションをして、自分たちの代表に人権に配慮してもらうよう働きかけるのが一番の基本となる。それには、教育はもちろんのこと、市民団体や各種メディア・官庁による人権啓発が重要となる。

こうした人権コミュニケーションで重要なのは、公共の場で表明してよいものとそうでないものを切り分けることではないかと思う。

人間には、①どうあがいても無理なこと（200歳まで生きる等）、②意識すればできること（意識しないとできないこと）、③どうあがいてもしてしまうこと（呼吸等）、の三つがある。自分の人権を主張したり、他者の人権に配慮したりするのは、①ではないが③でもない。

誰しも、特定のグループに差別感情を抱いてしまうことがある。自分の好みではない宗教や政治的意見の人に、信教の自由や表現の自由を認めたくはない。

だから、すべての人が、呼吸をするように無意識にしていても、人権第一の精神状態になることを目指そうというのは、現実的ではない。そんなことを規範として要求しても、打倒されるか、無視されるか、すり抜けられるだけだ。

「心の中で差別感情を持つな」と言ったところで、人を洗脳することなどできない。目指すべきは、「自分の自然な気持ちを表明していい場」と「公共の場」とを区別することだ。会社の会議や公道上の演説、議会の討論で、それを表明してはいけない。この規範を確立する必要がある。

では、「公共の場」から差別感情を排除するにはどうしたらいいのか。カギとなるのは議題の設定の仕方だ。

最近、「単純な両論併記」によって、差別や人権否定の意識の表出を許すという失敗が、しばしば見られる。例えば、同性婚問題について、「同性婚に賛成ですか？」という世論調査をよく見る。この問い方では、「同性愛者は気持ち悪い」とか「同性愛は病気にすぎない」という差別や偏見に基づく「反対」の投票ができてしまう。調査を受ける人や調査結果を見る人は、「そうした差別感情や偏見を積極的に表明してもよいのだ」という印象を受けてしまうだろう。

差別と非差別、人権と反人権に、「妥協」や「間をとる」ことはあり得ない。もしも「賛否を問える」「両論併記できる」としたなら、それは人権問題ではない。今日、憲法学でも「議会の議題（アジェンダ）を設定する権力」が注目されているが、これはどんな場面でも大事になってきている。

同性婚について世論調査をするなら、「同性カップルの法的保護や差別解消のために、一番良い選択肢はどれだと思いますか？」という問いを立てるべきだ。これでも差別感情が紛れ込む余地はある。しかし、少なくとも「同性カップルのために何をすべきか」に回答しないといけなくなる。

「公共の場」から差別感情を排除するには、専門家の心意気も大事だ。私の専門は法学だが、最近の法学の人権論を見ていると、「あまりに理屈が先走っていないだろうか」と感じることがある。

本書の第5章でも扱ったが、親権をめぐる議論を見ると、「親には子と会う権利があり、同居親には正当な理由なく面会交流を拒絶しない義務がある」とか「父母は平等に子育てに関わる憲法上の権利がある」という主張を見る。親の権利・父母の平等は確かに大切な考慮要素だが、それを家族紛争の現場に適用したときにどうなるかと考えると、恐ろしくなる。

婚姻を維持できない不仲な夫婦は、対等な立場で話し合いができないことが多い。適切に話し合いができていれば、妥協点は見つかるものだ。それができないということは、どちらかが強い力（経済力や腕力）を持っていることが少なくない。

親の権利や父母の平等を素朴に取り入れれば、強い者の権益になりがちだ。弱い側に我慢を押し付けることで成立する家族など、地獄でしかない。

「法律に『DVを除外する』と書けば、裁判官はDVを適切に見抜ける」とか「同性婚を導入するなら、憲法の『両性の合意』文言を改正すべき」という議論は、専門的に誤りを指摘する以前に、「その手法を実際に運用したとき、どうなるか？」と具体的に想像していないところが、根本的に問題ではないかと思う。

専門家は、専門でない人では気づかない視点から考えたり、情報を提供できたりする。これは、人権の議論を豊かにする。その役割を果たすには、理屈だけでなく、現場で法律がどう作用するのかといった想像力を持ってほしいと思う。

おわりに――一人でも声を上げる

こうしていろいろと書いてきたが、人権というコンセプトの一番大事なところは、「一人でも戦える、声を上げられる」というところにある。

人権は、あなたの権利であり、あなたの意思で行使できる。そして、あなたにしか行使できない。本書で私は、「一人ひとりが声を上げやすい環境や制度を作るには、どうすればいいか」を考えてきた。仮にそれらすべてを実現したとしても、あなたが権利を行使しないことには、あなたの権利を守るのは困難だ。

そして、一人の人が声を上げないことで、権利がないがしろにされると、「人権を制圧できた」という前例となる。それが積み重なれば、後に続く人は人権を行使し難くなる。人権は一人で行使できるが、一人が行使を諦めたときの悪影響は遍《あまね》く及ぶ。

私たちは、一人ひとりが声を上げやすい環境を作るべきだし、それには、自分の人権を大事にし、声を上げることが必要となる。「我慢は美徳」という価値観を疑い、自分の感じている苦痛を他者に向けて発信する。そこから生まれる対話こそが、幸福への道ではないか。

あとがき

『幸福の憲法学』というタイトルは、集英社クオータリー『ｋｏｔｏｂａ』での連載開始時に、担当編集者である集英社インターナショナル出版部編集長の本川浩史さんに提案していただいたものだ。聞いた瞬間から、「それ、いいですね」という気分になった。

「憲法」とか「憲法学」というと、「難しそう」「堅苦しい」「説教臭い」と、苦手なイメージを持つ人も多いのではないだろうか。確かに、憲法はその性格上、権力を濫用する者への糾弾に使われる。「憲法と言えば９条」といった感じで、平和への意識が低い人へのお説教として使われることもある。

ただ、憲法の性格は、そういう側面ばかりでもない。私はしばしば、憲法を学んでいてホッとしたり、勇気をもらったりする。何かに悩んだり、辛く感じたりしているときに、

「個人の尊重」や「人権」の理念が、そっと寄り添ってくれるのだ。あるいは、日々の生活や、報道を目にする中でモヤモヤする出来事があったときに、優れた憲法学の論文や憲法判例を読むと、モヤモヤが晴れて、「そういうことだったのか！」と腑に落ちることがしばしばある。これが、この上なく楽しい。

例えば、私の憲法をめぐる最初の体験は中学生だ。上の世代が荒れていたからか、学校は生徒を徹底的に管理しようとしているように感じられた。些細なことまで口を出し、生徒に自由になる隙を与えない。そんな毎日に息苦しさを感じたとき、ふらりと立ち寄った本屋さんで憲法の本をたまたま手に取ると、「表現の自由」「学問の自由」等々、たくさんの「自由」という言葉が並んでいた。あのときの「自由にしていいんだ」という解放感は、忘れがたい。

あるいは、大学生になって法学について学び始めたころ、私は、「個人情報がむやみやたらと開示される社会は不幸な社会だが、それはなぜなのか？」をなかなか言語化できなかった。当然のことのようで、改めて「なぜ？」「どうしてダメなの？」と聞かれても、自分ではしっくりくる言葉が出てこない。核心を捉えることができないまま、なんだか落ち着かずにいた。そんなとき、プライバシー権についての論文を読み、「『人間関係構築の自由』を奪われることが嫌だったんだ」と学んだ。自分のモヤモヤが言語化されて、とてもすっきりした。

憲法25条に出てくる「公衆衛生」の概念も、「大事なのはわかるけど、なんだか漠然としているな」と感じていた。そんなとき、「公衆衛生はその領域を広げていくべき概念で、狭く具体的に限定しないことにこそ重要性がある」と学んだ。何事も白黒はっきりさせたくなりがちな私にとって、曖昧で、膨張することを正面から認めることには躊躇《ためら》いもあったが、それにより世界が広がる喜びが得られた。

「あれはダメ」「こうしなさい」と人々や団体を戒める憲法だけではない。悩みに寄り添い、それを読むと腑に落ちる。そういう憲法学の本があってもいいだろう。それは、きっと、幸福につながっている。

『幸福の憲法学』というコンセプトなしには、この本は存在しなかっただろう。それを示してくれた集英社インターナショナルの本川さんには、とても感謝している。そして、この本が、手に取ってくれた読者のみなさんの幸福につながっていくことを、心から祈っている。

２０２５年３月吉日
木村草太

図版制作　タナカデザイン

本書は、集英社クオータリー『ｋｏｔｏｂａ』の連載「幸福の憲法学」（２０２３年春号〜24年夏号）を大幅に加筆・修正したものです。

木村草太《きむら そうた》

憲法学者、東京都立大学大学院法学政治学研究科法学政治学専攻・法学部教授。一九八〇年、神奈川県生まれ。テレビやラジオ番組など、マスメディアでの活動も多い。『憲法という希望』(講談社現代新書)、『「差別」のしくみ』(朝日新聞出版)、『憲法』(東京大学出版会)、『憲法の学校　親権、校則、いじめ、PTA――「子どものため」を考える』(KADOKAWA)など著書多数。

幸福《こうふく》の憲法学《けんぽうがく》

二〇二五年四月一二日　第一刷発行

インターナショナル新書一五五

著者　木村草太《きむらそうた》
発行者　岩瀬　朗
発行所　株式会社　集英社インターナショナル
〒一〇一－〇〇六四　東京都千代田区神田猿楽町一－五－一八
電話　〇三－五二一一－二六三〇
発売所　株式会社　集英社
〒一〇一－八〇五〇　東京都千代田区一ツ橋二－五－一〇
電話　〇三－三二三〇－六〇八〇(読者係)
〇三－三二三〇－六三九三(販売部)書店専用
装幀　アルビレオ
印刷所　株式会社DNP出版プロダクツ
製本所　加藤製本株式会社

 ISBN978-4-7976-8155-0　C0232

インターナショナル新書

135
寄り添う言葉
永田和宏、小池真理子、垣添忠生、小池光、徳永進

天才歌人であり妻の河野裕子を亡くした永田和宏が、同じく伴侶を喪った人や多くの患者を看取ってきた医師と本音で語りあう魂の対談集。後悔や悲しみを抱えているすべての人に贈る一冊。

137
我々の死者と未来の他者
戦後日本人が失ったもの
大澤真幸

なぜ、日本人は気候変動問題に対する関心が低いのか。そのヒントは村上春樹らの小説や『鬼滅の刃』などの漫画作品にあった。〈我々の死者〉〈未来の他者〉をキーワードに、過去・未来と現在との「分断」の正体を暴く。

144
日本はどこで道を誤ったのか
山口二郎

政治家や官僚の劣化、少子化による人口減少、上昇しない実質賃金、インフレによる生活苦……現在の日本社会が停滞している原因は、どこにあるのか？　令和の時代にふさわしい新しい政治のあり方を考え、提言する。

156
ウンコノミクス
山口亮子

世界的な食糧・エネルギー不足が懸念される今、ウンコが資源として注目されている。リンの豊富な肥料、ビルや融雪の熱源、自動車やロケットの燃料…。日本経済を立て直す「ウンコノミクス」の可能性を探る。